Reinhold Ruthe
Psychologie der Partnerwahl

Herderbücherei Band 496, 192 Seiten, 3. Auflage

Die Partnerwahl ist die folgenreichste Entscheidung im Leben. Wer sie vernünftig treffen will, sollte sich nicht damit beruhigen lassen, daß Liebe dem Spiel des Zufalls anheimgegeben sei. Denn Psychologie und Psychoanalyse haben die unbewußten und halbbewußten Motive, Wünsche und Ziele aufgeschlüsselt, die bei der Wahl des Partners zum Tragen kommen. Frühkindliche Prägungen, Geschwisterkonstellationen und überhaupt der jeweilige individuelle Lebensstil sind maßgebliche Faktoren bei der Partnerwahl. Kurzum: Wer mehr über sich selbst, seine geheimen Absichten und Gefühle weiß, der wird auch seine Partnerbeziehungen kritisch zu kontrollieren verstehen. Spätere – oft unkorrigierbare – Konflikte wären zu vermeiden, wenn über diese Fragen mehr sachkundige Informationen vorlägen. Gerade Eltern und Pädagogen stellt sich das dringliche Problem, wie sie jungen Menschen dabei helfen können, ihre Partnerbeziehungen konfliktfreier zu gestalten.

Reinhold Ruthe leistet in diesem Buch die längst fällige Aufklärungsarbeit über die Hintergründe der Partnerwahl, um so für Liebe und Partnerschaft neue Möglichkeiten zu erschließen. Untermauert durch Beispiele aus der Praxis der Eheberatung, stellt Ruthe allgemeinverständlich dar, was man heute in Psychologie und Psychotherapie von der Partnerwahl weiß. Wer sein Buch gelesen hat, dem wird Partnerwahl kein Spiel mit vielen Unbekannten mehr sein.

Herderbüch

Reinhold Ruthe
Faulheit ist heilbar

Wie man bei Kindern Interesse wecken kann

Herderbücherei Band 520, 126 Seiten, 3. Auflage

Das Thema Faulheit bereitet heute vielen Familien Kopfschmerzen. In unserer Leistungsgesellschaft wiegt diese Lern- und Leistungsstörung besonders schwer, und die Auseinandersetzungen zwischen Eltern und Kindern nehmen oft dramatische Formen an.

Ist Faulheit ein seelisches Fehlverhalten, ein Mangel an Begabung, eine Antriebshemmung, Willensschwäche, Dummheit, Trotzverhalten oder ein krankhaftes Rückzugsverhalten?

Ein faules Kind weist in der Regel eine grundlegende *Persönlichkeitsstörung* auf. Faulheit kann auf *Interesselosigkeit* basieren, Faulheit kann als *Schutzschild* benutzt werden, um in Ruhe gelassen zu werden, kann sich als *Willensschwäche* tarnen und als *übersteigerte Gewissenhaftigkeit* darstellen. Mit der Faulheit geht oft eine *Konzentrationsschwäche* Hand in Hand, eine *Flucht* in die Traum- und Phantasiewelt – bei zum Teil überdurchschnittlicher Intelligenz.

Der Autor unternimmt den Versuch, das vielschichtige Syndrom Faulheit und das Zusammenspiel verschiedener Faktoren zu untersuchen. Um es den Eltern leichter zu machen, ist der Autor besonders an den *verborgenen Zielen* der Faulheit interessiert. Haben die Eltern die *geheimen* Absichten des Kindes erkannt, können sie effektiver mit ihren Kindern das Fehlverhalten ändern.

Herderbücherei

Herderbücherei

Band 563

Über das Buch

„Tatmotiv Eifersucht" heißt es nach der Untersuchung vieler Mordfälle. Eifersucht war der Beweggrund für den ersten Brudermord Kains an Abel. Eifersucht – auch wenn sie nicht diese Extremformen annimmt – macht das Leben vieler Menschen, insbesondere vieler Eheleute, zur Hölle. Was verbirgt sich dahinter? Wie kann sie geheilt werden? Eifersucht ist das Symptom einer tief verwurzelten Selbstwertstörung, die meistens schon in früher Kindheit grundgelegt worden ist. Dies ist die These des bekannten (Herderbücherei-Band 496 und 520) und erfahrenen Eheberaters Reinhold Ruthe, die er mit vielen Beispielen belegt. Sie kann darum nur dadurch geheilt werden, daß dem Gefühl der mangelnden Selbstachtung begegnet wird. Ein Eifersüchtiger, der gelernt hat, sich selbst zu akzeptieren, der zu der Überzeugung gekommen ist: „So wie ich bin, bin ich gut genug", hat seine Eifersucht bereits überwunden.

Welche Wege zu dieser Einstellung führen und welche Hilfe die Mitmenschen dabei leisten können, wird in diesem Taschenbuch anschaulich gezeigt. Ein Bändchen, das Lebensmut macht und Eifersucht überwinden hilft.

Über den Autor

Reinhold Ruthe, geboren 1927 in Löhne (Westfalen), leitet heute nach einer Zusatzausbildung zum Eheberater und einem individualpsychologischen Studium mit Lehranalyse eine evangelische Familienberatungsstelle für Lebens-, Ehe-, Verlobten- und Erziehungsfragen. Er ist 2. Vorsitzender des Alfred-Adler-Institutes der Deutschen Gesellschaft für Individualpsychologie in Aachen und außerdem als Dozent für Psychologie an einer staatlichen Krankenpflegeschule und an einem staatlichen Altenpflegeseminar tätig. Er schrieb zahlreiche Bücher über die Gebiete Sexualpädagogik, beratende Seelsorge, Pädagogik und Parapsychologie.

Reinhold Ruthe

Zum Teufel
mit der Eifersucht!

Wie man Neid,
Rivalität und falschen Ehrgeiz überwindet

Herderbücherei

Originalausgabe
erstmals veröffentlicht als Herder-Taschenbuch

1. Auflage Juni 1976
2. Auflage Mai 1979

Alle Rechte vorbehalten – Printed in Germany
© Verlag Herder Freiburg im Breisgau 1976
Herder Freiburg · Basel · Wien
Herstellung: Freiburger Graphische Betriebe 1979
ISBN 3-451-07563-6

Inhalt

Vorwort 9

Eifersucht oder Der Zweck heiligt die Mittel 13

Der eifersüchtige Lebensstil 13
Was will der Eifersüchtige erreichen? 18

Eifersucht und Geschwisterrivalität 31

Der entthronte Albert 31
Was ist eine Lebensstilanalyse? 33
Hilfen für die Praxis 41
Pädagogische Hilfen für Eltern und Erzieher 42

Eifersucht oder Kains Brudermord 45

Das verzogene Kind 45
Der Star mit Starallüren 48
Sich vergleichen gibt Ärger 49
Soll ich der Hüter meines Bruders sein? 50
Die tötende Gesinnung 51

Tatmotiv: Eifersucht 55

Überschwengliche Leidenschaft – die romantische Liebe 56
Die narzißtische Kollusion 57

Der Miniaturmörder 59

Überlegungen zur Selbstprüfung 60
Eifersucht und Kinderfragen 61

Eifersucht oder Der Ödipuskomplex 65

Was ist zunächst ein Komplex? 65
Die Ödipussage 65
Freud und der Ödipuskomplex 67
Kritik am Ödipuskomplex 69

Sind Frauen eifersüchtiger als Männer? 75

Eifersucht ist nicht biologisch verankert 76
Eifersucht ist kein spezielles Problem der Frau 78

Frau G. hat eine fixe Idee 83

Was gibt der Mann zu verstehen? 84
Was geht in der Frau vor? 85

Die Verantwortung trägt ein anderer 89

Das Schwarze-Peter-Spiel 89
Eitelkeit und eifersüchtiges Konkurrenzstreben 92
Frau Helma übernimmt die Verantwortung 93

Wenn die Eifersuchtsvorstellungen auf die Spitze getrieben werden 97

Der Kampf verstärkt das Symptom 97
Was soll der Kampf bezwecken? 98
Eine wirksame therapeutische Methode 99
Worauf basiert die Wirkung der Übertreibung? 101

Eifersucht und Platzangst 105

Er schaut anderen Frauen nach – Ein Fallbeispiel 105
Zur Analyse von Eifersucht und Platzangst 108
Die Behandlung der Platzangst 111

Der Eifersuchtswahn 113

Ein Fallbeispiel 113
Die Deutung der frühkindlichen Erinnerung 116
Was sind Wahnvorstellungen? 117
Beraterische und therapeutische Hilfen 120

Die Doña Juanita 125

Angelika, die Nymphomanin 126
Was bedeutet Fräulein Angelikas Nymphomanie? 127
Neun Grundirrtümer des Lebens 129

Therapie der Eifersucht oder So, wie ich bin, bin ich nicht gut genug 133

Selbstkritik und mangelnde Selbstannahme 134
Folgen der Selbstverurteilung 135
Wir akzeptieren uns, wie wir sind 135
Nehmt einander an, wie Christus euch angenommen hat 136

Anmerkungen 138

Stichwortverzeichnis 141

Vorwort

Das Sprichwort ist treffend: „Eifersucht ist eine Leidenschaft, die mit Eifer sucht, was Leiden schafft." Eifersucht ist in der Tat eine teuflische Gesinnung, die Haß mobilisiert und die Vernunft betäubt. Von Mißgunst und Mißtrauen angestachelt, gelingt es ihr, ein sadomasochistisches Quälereispiel zu inszenieren.

Eifersucht untergräbt jede Gemeinschaft und das zwischenmenschliche Band. In Klassenräumen und am Arbeitsplatz, in Sportstadien und politischen Gremien wütet diese zersetzende Gesinnung. Eifersüchtige Konkurrenz, Sichvergleichen, Rivalität und Neid sind Symptome, die das Denken, Sehen, Hören und Handeln des Menschen befallen können. Die meisten Charakterstörungen gehen auf diese Wahrnehmungsveränderung zurück. Stehlen, Lügen, Einsamkeit, Haß, Aggression, Mordlust, Überempfindlichkeit, Selbstmord, Hochstapelei, Eßlust und Sucht sind Zeichen dieses gefährlichen Fehlverhaltens.

Täuschen wir uns nicht, Eifersucht ist eine *Sucht* und ein destruktives Verhalten, das die zwischenmenschlichen Beziehungen von Mann und Frau, Eltern und Kindern, von Regierenden und Regierten, von Untergebenen und Arbeitgebern vergiften und zerstören kann. Wie sehr Süchtigkeit ein menschliches Problem ist, wird schon an den Charakterisierungen deutlich:

Eifer*sucht*,
Putz*sucht*,
Klatsch*sucht*,
Spiel*sucht*,
Wett*sucht*,
Freß*sucht*,
Genuß*sucht*.

Leider sind wir geneigt, die Sucht immer mit Suchtstoffen in Verbindung zu bringen. Vielleicht irren wir uns hier gründlich?

Die amerikanischen Psychologen Marguerite und Willard Beecher behaupten: „Es gibt keine süchtig machenden Stoffe, es gibt

9

nur Süchtige." Sucht ist in erster Linie kein Problem der Mittel, sondern der Person. Die Person ist gestört, darum *benutzt* sie Mittel. Und welche Mittel und Wege benutzt der Eifersüchtige? Dieser Frage will das Buch nachgehen.

Die Eifersucht, das „grünäugige Ungeheuer", wie es W. Shakespeare genannt hat, führt Kains Axt und beflügelt die Menschen durch die Jahrhunderte bis heute, Vernichtungswaffen zu erfinden, Mauerbrecher, Panzer und Flugzeuge, Dynamit, Phosphor, Raketen und Wasserstoffbomben, um den Gegner und Konkurrenten auszuschalten.

Der Erbforscher und Tiefenpsychologe Leopold Szondi ist sogar der Meinung, daß rund sechs Prozent der Menschheit mit diesem Kainsmal der „tötenden Gesinnung" aus Eifersucht belastet sind. Weitere vierzehn Prozent – glaubt Szondi – leben als „neurotische und getarnte Kain-Erben" in unserer Gesellschaft.

Eifersucht und Neid mit ihrem zerstörerischen Symptomengefolge, wie überspannter Ehrgeiz, Konkurrenzstreben, Rivalität, Überempfindlichkeit, Besitzsucht, Wut und Haß, haben die Weltgeschichte gründlich umgestaltet. Kein Wunder, daß der Mensch von vielen Autoren als das aggressivste Tier der Erde angesehen wird. Seine Eifersuchtstiraden und seine Kainsgesinnung halten die Weltgeschichte in Atem.

Eine Frage bleibt allerdings noch: Ist Eifersucht ausschließlich eine verwerfliche Leidenschaft? Kann eifersüchtige Liebe nicht etwas Prickelndes und Beglückendes sein? Ein japanisches Sprichwort glaubt an die Eifersucht als Sprungkraft der Liebe: „Eine Frau, die nicht eifersüchtig wird, ist wie ein Ball, der nicht springt."

Ich sprach mit meinem Freund und Eheberater Pastor Alfred Ziegner darüber. Er sieht in der Eifersucht etwas Normales und Notwendiges. In einem Brief an mich formuliert er es so: „Zum Teufel mit allem, was des Teufels ist! Natürlich auch mit der Eifer-‚Sucht' – wenn sie wirklich eine Sucht, ein ‚Siechtum' ist." Doch ist Eifersucht nicht in vielen Fällen besser als ihr Name? Könnte das nicht sehr wohl eine unvernünftige Forderung sein, ein unfrommer Wunsch, hier kurzweg alles zu verteufeln? Kann Eifersucht nicht auch – etwas durchaus Normales, sogar Notwendiges sein?

Wo gar keine Eifersucht ist, da ist auch keine Liebe. Da sind zwei autistische Menschen beisammen. Partnerschaft ohne Eifersucht ist überhaupt nicht praktikabel.

Und vom Glauben her gesehen? – Im Buch der Bücher geht es an entscheidenden Stellen um den Gott, der sein auserwähltes Volk eifersüchtig liebt. Und ist es etwa ein Armutszeugnis der hebräischen Sprache, daß sie für die Leidenschaft der erotischen Liebe, für den Glaubenseifer der Frommen und für das Eifern Gottes um sein Volk ein und dasselbe Wort hat?

Das Problem der Eifersucht ist meines Erachtens die Frage nach der Dosierung.

Ich stimme mit Alfred Ziegner überein, um die Dosierung geht es.

Auch Emil Brunner billigt der Eifersucht positive Aspekte zu. Er bezeichnet sie als „Schutztrieb des Schöpfers" und schreibt: „Der Schöpfer unterstützt den objektiven Zweck, den er mit der Geschlechtsnatur des Menschen verbindet, in der Weise, daß er dieser Natur einen Schutztrieb mitgab, der der bewußten Verantwortung zu Hilfe kommen soll, jenem instinktiven Trieb auf Exklusivität und unbegrenzte Dauer, der aller menschlichen Liebe beigemischt ist und der ganz zu Unrecht mit dem üblen Wort Eifersucht belegt wird."

Eine Prise Eifersucht gehört zur Liebe dazu. Aber eben nur eine Prise. Gut dosiert kann sie ein edles Gewürz im Garten der Liebe sein. In größeren Mengen wird sie zum Gift. Aus dem Schutztrieb wird ein egoistischer Bemächtigungstrieb, der die Liebe und Gemeinschaft zerstört. Von diesem Zuviel an Eifersucht wird im Buch die Rede sein, von der *Sucht*, die mit Eifer sucht, was Leiden schafft.

Eifersucht oder Der Zweck heiligt die Mittel

Eifersucht wird uns nicht wie ein Kuckucksei in die Wiege gelegt. Wir müssen es auch nicht ausbrüten und quälen uns dann zeitlebens mit der Sucht herum. Eifersucht wird zum Verhaltens- und Reaktionsmuster, das wir uns zugelegt haben. Wir haben uns mehr oder weniger für Rivalität, Ehrgeiz und Konkurrenzstreben *entschieden*. Oder viel vorsichtiger ausgedrückt: wir haben die Einflüsse, Programme, Erwartungen, Folgerungen, Normen und Werte der Eltern, Großeltern und Geschwister *kreativ* verarbeitet.

Der eifersüchtige Lebensstil

Der Ausdruck *Lebensstil* meint die individuelle Charaktereigenart des Menschen, die individuelle Form der schöpferischen Aktivität, die Zusammenfassung aller Methoden und Arrangements, das Leben zu meistern.

Eifersucht wird zur Leitmelodie des Lebensstils. Wie die Erkennungsmelodie ein Musikstück begleitet, kennzeichnet die Eifersucht alle Lebensäußerungen.

Wir sind nicht einfach in bestimmte Rollen gepreßt worden und haben gehorsam die Rollenerwartungen der anderen erfüllt, sondern unsere schöpferische Phantasie und Aktivität haben uns beflügelt, Techniken zu entwickeln und Verhaltensweisen anzunehmen, die unserer persönlichen Gangart und damit unserem Lebensstil entsprechen. Der Mensch kann sich einer mehr *konstruktiven* oder mehr *destruktiven Zukunftsorientierung* hingeben. Die Wahl seiner Methoden entscheidet über größere Kooperation, über Zugehörigkeitsgefühl, Mißtrauen, Feindseligkeit oder Versagen. Eifersucht ist ein Produkt unseres selbst geschaffenen Lebensstiles: wir benutzen sie, wir bauen sie in unsere Bewegungsrichtung ein. Die Eifersucht gehorcht unserer privaten Logik. Sie wird zum Instrument für alle unsere Aktionen im zwischenmenschlichen Umgang. Mit der Eifer-

13

sucht und ihren Begleitsymptomen haben wir eine persönliche Note entwickelt, wie wir uns selbst einschätzen und den Nächsten, den Partner, den Gegner und Konkurrenten betrachten und behandeln und welche Ziele wir mit welchen Mitteln und Methoden angehen.

1. Der Eifersüchtige ist unfrei

Der Eifersüchtige ist ein zutiefst *unbefriedigter* Mensch. Er lebt in Unfrieden mit sich selbst, und diese Friedlosigkeit macht ihn *unfrei*. Unfreiheit des Handelns ist ein wesentliches Merkmal aller Neurosen. Der Eifersüchtige ist mehr oder weniger ausschließlich mit sich, seinen Problemen und Konflikten beschäftigt. Fritz Künkel spricht von *Ichhaftigkeit* und charakterisiert sie so:

„Alle Fehler, Schwächen und Irrungen, die dem Einzelmenschen innewohnen, lassen sich aber auf seine Ichhaftigkeit zurückführen. Das wichtigste Symptom der Ichhaftigkeit ist die innere Vereinsamung, der Mangel an Verbindungen von Herz zu Herz."[1]

2. Der Eifersüchtige ist überempfindlich

Überempfindlichkeit gehört zu den Dispositionen, die den Eifersüchtigen kennzeichnen. Durch ein Wort, durch eine Miene, durch Lachen, durch Flüstern, durch alles und nichts kann er sich *verletzt* fühlen. Er kommt sich vernachlässigt, klein, beschmutzt, unterlegen, abgeschoben, zurückgesetzt, übersehen und überflüssig vor. Nebensächlichkeiten bauscht er zu Tragödien auf, seinem Scharfsinn entgeht nichts. Selbst das Nichts bekommt noch eine Bedeutung. Es besteht ein großer Unterschied zwischen *Sensibilität* und Überempfindlichkeit. Sensibilität heißt Feinfühligkeit. Die eifersüchtige Persönlichkeit ist nicht sensibel, sie ist überempfindlich. Der Überempfindliche reagiert hellhörig in bezug auf sich selbst, er ist taub gegen andere. Alfred Adler schreibt dazu:

„Dabei fällt immer die überraschende Häufung von Herabsetzungen und Demütigungen auf, denen solche Patienten ausgesetzt sind, bis man entdeckt, daß sie sozusagen eine *Zeitlang ihren eigenen Ohrfeigen nachlaufen.* Diese Strömung stammt aus dem Unbewußten und führt meist vereint mit anderen Regungen den masochistischen Charakter der Neurose herbei, der uns den Patienten als Hypochonder, als Verletzten, Verfolgten, Herabgesetzten, nicht anerkannten Menschen zeigt, für den es nur Leid, Unglück, ‚Pech‘ gibt."[2] Adler ging davon aus, daß die Anfänge der Überempfindlichkeit auf organische Überempfindlichkeit zurückgehen. Verfolgt man das Leben der Menschen in die Kindheit zurück, erlebt man häufig erhebliche Lichtscheu, Hyperästhesien des Gehörs, der Haut, größere Schmerzempfindlichkeit, besondere Erregbarkeit der Vasomotoren, erhöhtes Kitzelgefühl, muskuläre Erregbarkeit, Höhenschwindel usw. Die Überempfindlichkeit des Eifersüchtigen ist oft mit Abhängigkeit gekoppelt. Er fühlt sich abhängig von der Luft, vom Nebel, vom Sonnenschein, vom Regen, von der Kälte und der Wärme, vom Staub, vom Geruch, von Menschen, mit denen er in einem Raum zusammensein muß. Weil er so abhängig ist und sich so abhängig *macht*, schränkt er damit seine Lebensmöglichkeiten ein.

Verbunden mit der Überempfindlichkeit ist oft auch eine *Nachempfindlichkeit*. Der Eifersüchtige kann schmerzliche Eindrücke, die er registriert hat, nicht vergessen. Er kann die Zurücksetzungen, die er *glaubt* empfangen zu haben, nicht verwinden. Wie ein Computer speichert er alle Demütigungen, Herabsetzungen und Ohrfeigen, um sie jederzeit parat zu haben und dem Partner ins Gesicht zu schleudern.

Die Erinnerungen, die der Eifersüchtige fein säuberlich gespeichert hat, sind nicht etwa objektive Ereignisse, es handelt sich vielmehr um frisierte Erlebnisse, die in den Augen des Eifersüchtigen eine ungeahnte Bedeutung gewinnen. Seine private Weltanschauung hat den Gegebenheiten eine subjektive Bedeutung untergeschoben.

In dem Gesagten wird also auch der *Zweck*charakter der Überempfindlichkeit deutlich. Die angenommene anlagebedingte Disposition wird kreativ in den Lebensstil des Eifersüchtigen eingebaut. Der Überempfindliche umgibt sich wie mit einem Stacheldraht. Wer sich die Finger nicht verletzen will, muß ihn behandeln wie ein rohes Ei. Dem Eifersüchtigen gelingt es, die anderen zur ständigen Rücksichtnahme zu verpflichten. Die gesamte Umgebung muß Schonung üben. Sie hat die Pflicht, alle Eventualitäten vorauszuberechnen, die der Eifersüchtige wittern könnte.

3. Der Eifersüchtige ist mißtrauisch

Mißtrauen ist das Gegenteil von Vertrauen. Der Eifersüchtige hat also kein Vertrauen. Sein Argwohn ist grenzenlos und zerstört das Band der gemeinsamen Interessen. Mißtrauen geht mit Feindseligkeit gegenüber anderen Menschen Hand in Hand. Die Folge ist, daß der Mensch keinen Frieden hat und alle neuen Freundschaften, die sich anbahnen, unter einem ungünstigen Stern angesiedelt sieht. Der Mensch sammelt Mißerfolge wie Briefmarken und erfährt tagtäglich die Bestätigung, daß er Recht hat, daß die Menschen nichts taugen, daß das Leben voller Feindseligkeiten ist. Besonders zwanghafte Charaktere können sich zu mißtrauischen Menschen entwickeln. Sie wollen sich nicht besudeln, beschmutzen und etablieren eine ständige Verteidigungshaltung. In der Abschirmung aber verarmt ihr Leben. Sie halten sich rein und lassen die verrottete Welt nicht in ihr Innerstes. Die Gefahren der Welt werden mit einem Panzer des Mißtrauens abgeschirmt. Der Schmutz der Welt, der Dreck des Lebens, der Mist, der über allem lagert, muß erfolgreich abgewehrt werden. Mit Mißtrauen verfolgt der Mensch unbewußt auch Ziele. Wer mißtrauisch ist, neigt dazu, sein eigenes Ich überzubewerten. Mißtrauen geht daher mit Ehrgeiz gern ein Bündnis ein. „Du siehst mich nicht so, wie ich gesehen werden möchte. Du mißachtest mich." Mißtrauen ist auch ein Signal für andere: Ich kann mich auf dich nicht verlassen. Ich will mich auf dich auch nicht verlassen. Ich muß auf der Hut sein, und kein gutes Wort deinerseits wird mich irremachen, nicht mißtrauisch zu sein.

Fritz Riemann beschreibt in seiner tiefenpsychologischen Studie unter anderem die *schizoide Persönlichkeit*, die zum Mißtrauen neigt:

„Nach unserer früheren Beschreibung wären also die schizoiden Persönlichkeiten ... diejenigen, welche, von der Seite der Angst her gesehen, den Impuls zur ‚Eigendrehung' überwertig leben. Sie wirken fern, kühl, distanziert, schwer ansprechbar ... Das kann alle Schweregrade annehmen, von immer wachem Mißtrauen und krankhafter Eigenbezüglichkeit bis zu eigentlichen wahnhaften Einbildungen und Täuschungen."[3]

- Das Kind hat die Welt in der Frühzeit als fern, kalt, fremd und un-heimlich erlebt.
- Das Kind glaubt, gegen die ungerechte Welt sich wehren und schützen zu müssen.
- Das Kind hat die Mutter und die Familie nicht als paradiesischen Ort erlebt, als Ort des Vertrauens, der Geborgenheit und des Aufgehobenseins.
- Das Kind hat eine vertrauensvolle Du-Beziehung nicht entwickeln können.
- Das Kind entwickelt aufgrund solcher Erlebnisse bestimmte Techniken und Verhaltensweisen, um seine Macht zu demonstrieren, Unabhängigkeit zu wahren, Distanz zu fördern und Nähe zu meiden.
- Das Kind kann später zu *paranoidem* Verhalten neigen und mißtrauisch wahnhafte Befürchtungen äußern.

4. Der Eifersüchtige ist oft masochistisch

Masochismus wird als sexuelle Perversion definiert, nach der das Erdulden von Demütigungen und Mißhandlungen geschlechtliche Lustgefühle verschaffen kann. Eifersucht und Masochismus sind zweckverwandt. Beide verschaffen sie Befriedigung durch Leiden. Einige Autoren gehen davon aus, daß Sadismus eher eine männliche Verhaltensweise und Masochismus eine weibliche Verhaltensweise charakterisiere. Masochismus muß aber *nicht* sexuell motiviert sein. Selbst Sigmund Freud spricht schon von *moralischem* Masochismus [4]. Viele Erscheinungsformen zeigen keine spezifisch sexuellen Motive. Was kennzeichnet die masochistische Eifersucht?

– Der Masochist versucht, sich so klein und unbedeutend wie möglich zu machen und sich völlig in die Abhängigkeit und den Schutz des Partners zu begeben.

– Der masochistisch Eifersüchtige ist davon überzeugt, daß seine unterwürfige Abhängigkeit Treue und Ehrerbietung verkörpern. Nur er liebt wahrhaftig. Seine Liebe ist einzigartig. Indes ist selbstverständlich, daß auf dieser Basis keine gleichberechtigte Liebe und Partnerschaft entstehen können.

– Der eifersüchtige Masochist oder der masochistische Eifersüchtige gebärdet sich aggressiv-fordernd. Er steigert ständig seine Ansprüche an den Partner. Dieser soll ihm durch vermehrte Zuwendung, pausenlose Bemutterung und Fürsorge den Schutz bieten und die Verantwortung abnehmen, die er selbst nicht tragen oder erkämpfen will.

– Der eifersüchtige Masochist leidet an *Selbstverachtung*. Wegen seiner gefühlten und gezeigten Schwäche ist er mit sich unzufrieden. Er ist der Schwache, der Leidende, der Kränkungen hinnehmen und Rücksichtslosigkeiten anderer einstecken muß.

– Der eifersüchtige Masochist ist glücklich, wenn er genommen, mitgenommen, mitgerissen und gezogen wird. Er will nicht handeln, sondern behandelt werden. Die *persönliche Sicherheit* ist ihm so wichtig, daß er bereit ist, jeden Preis dafür zu bezahlen. Die Lebensangst spricht aus allen Verhaltensweisen.

– Der eifersüchtige Masochist ist mit allen möglichen Erpressungen nicht zimperlich. Er kann Krankheiten plötzlich unbewußt verstärken, den Partner mit allen möglichen Tricks und Arrangements an sich fesseln, ihn zu sorgenden Dienstleistungen bewegen oder mit Selbstmord drohen oder gar Selbstmordversuche arrangieren, um damit den anderen fest an sich zu binden.

17

Was will der Eifersüchtige erreichen?

Rudolf Dreikurs geht davon aus, eifersüchtiges Betragen ist im allgemeinen nach einer der vier folgenden Richtungen hin ausgerichtet:
- „Entschuldigung für eigene Fehler,
- Erregen von Aufmerksamkeit,
- Gewinnen von Überlegenheit,
- Vergeltung."[5]

Diese vier Richtungen zweckhaften und damit zielgerichteten Verhaltens möchte ich im folgenden genauer beschreiben.

1. Eifersucht oder die Entschuldigung für eigene Fehler und Mängel

Eifersucht hat viele Bedeutungen, und der Eifersüchtige benutzt viele Mittel und Wege, um sein Ziel zu erreichen. Selten handelt er zweckfrei. Was will er aber erreichen, und was kann er erreichen? Stellen wir uns einen Augenblick einen Menschen vor, der nicht eifersüchtig ist. Wie müßte er beschaffen sein?
- Er zweifelt keinen Augenblick an sich selbst.
- Er stellt seine Fähigkeiten, seinen Einfluß und seine Anziehungskraft nicht in Frage.
- Er glaubt und weiß, daß er als Ehemann oder als Ehefrau, als Geliebter oder als Geliebte, als Vater oder Mutter gut genug ist. Nicht gut, aber gut genug.
- Er kann von seinem Ehepartner auf die Probe gestellt werden, um sich in der Liebe zu beweisen. Gelassen läßt er die Prüfung über sich ergehen. Angstfrei und ohne Befürchtungen übersteht er die Probe. Er entrüstet sich nicht einmal über die Zumutung der Probe. Er entwickelt keine Verdachtsmomente und keine Sorge.

Schauen wir uns nun den Eifersüchtigen an.

Frau M. ist eine Frau von 31 Jahren. Seit sechs Jahren ist sie mit einem Diplomingenieur verheiratet. Sie selbst hat *nur* die mittlere Reife – wie sie sagt – und leidet darunter. Das kommt im ersten Gespräch gleich zum Ausdruck.

„Ich habe noch zwei Brüder, die durften studieren. Meine Mutter wollte, daß ich eine tüchtige Hausfrau würde. So kam ich in einen vornehmen Haushalt und lernte bei der Frau eines Ministerialrats die feine Küche und vornehmes Benehmen. Aber das ist doch keine Sicherheit im Leben! Alles angelernter Quatsch, der im Grunde nicht zählt."

Ich: „Und was zählt für Sie?"

Sie: „Studieren, Bildung, Mitredenkönnen."

Ich: „Sie glauben von sich, daß Sie das nicht können?"

Sie: „Mit meinem Mann kann ich nicht mithalten und den Leuten, mit denen er verkehrt. Meine Mutter hat mir das eingebrockt. Meine Intelligenz hätte gereicht, jedenfalls wurde mir das von Lehrern immer wieder bestätigt."

Ich: „Und Sie wollen mit den Leuten, mit denen Ihr Mann verkehrt, mithalten."

Sie: „Mein Mann arbeitet in der Datenabteilung. Heute ist es üblich, daß da auch Damen beschäftigt sind. Einige haben den Titel Ing. grad., andere sind sogar Diplomingenieure. Meinem Mann imponiert das. Und wie! Von den gescheiten Damen (sie dehnt das Wort ‚gescheit' ironisch) läßt er sich förmlich einwickeln. Das ist keine elektronische Datenverarbeitung, das ist eine erotische – Damenverarbeitung."

Ich: „Und Sie vermuten, auch Ihr Mann könnte in die erotischen Fänge der Damen hineingeraten."

Sie: „Das Elend begann vor einem Jahr, als mein Mann die Stelle wechselte. Ich lernte die Kolleginnen und Mitarbeiterinnen kennen und war entsetzt. Die haben doch nicht die Arbeit im Auge! Seit der Zeit bin ich durcheinander. Ich hasse das Wort Eifersucht, aber so etwas ist es bestimmt."

Ich: „Sie hassen das Wort Eifersucht."

Sie: „Schon als junges Mädchen wurde ich damit aufgezogen. Und heute ist es noch schlimmer geworden. Ich laufe von einem Arzt zum anderen, vom Internisten zum Frauenarzt, vom praktischen Arzt zum Neurologen. Mein Kreislauf ist durcheinander, im Bett bin ich gefühlskalt, und ab und zu bekomme ich Asthmaanfälle."

Ich: „Und was ist Ihr größtes Problem?"

Sie: „Ich kann ohne meinen Mann nicht leben und werde doch nie mithalten können."

Was macht der Gesprächsausschnitt deutlich?

– Der Zweifel an den eigenen Fähigkeiten, der eigenen Bildung und Ausbildung ist der Motor der Eifersucht.

– Frau M. befürchtet, daß die anderen Damen – mit Studium – mehr zu bieten haben, daß die Verführung ihres Mannes eine Kleinigkeit sein wird; das „mehr" der anderen verstärkt ihre Eifersucht.

– Frau M.s Eifersucht ist die Konkurrenz mit dem gleichen Geschlecht. Die anderen Damen sind Todfeindinnen. Sie sind ihr überlegen. Frau M. produziert Eifersucht, um sich stärker an ihren Gatten zu binden und um den Gatten intensiver an sich zu fesseln.

– Frau M. schiebt die Verantwortung auf ihre Mutter. Zweimal wird sie angeklagt, ihre Brüder vorgezogen zu haben. *Hätte* die Mutter anders gehandelt, wäre sie heute nicht eifersüchtig.

– Frau M.s Eifersucht ist *begründet*. Die Mutter hat ungerechterweise die Tochter zurückgesetzt und die Brüder vorgezogen. Das Schicksal liefert der Frau handfeste Motive für ihre Eifersucht, damit sie ungeniert mit ihr operieren kann.

– Frau M. will Sicherheit. Aber dieses Streben nach Sicherheit ist hoffnungslos. Je angeknackster der Selbstwert, desto stärker das Sicherheitsbestreben. Je mehr sie in der Luft zu hängen *glaubt*, desto ausgeprägter das Streben nach Sicherheit und Selbsterhaltung – desto größer aber auch die Eifersucht.

– Frau M.s Krankheiten sind eine ständige Herausforderung an ihren Mann, sich bei den Damen zurückzuhalten und Distanz zu wahren.

– Frau M. entwickelt – nach dem Berufswechsel ihres Mannes – asthmatische Beschwerden. Unter Asthma versteht man eine in Anfällen auftretende Behinderung der Atmung. Der Asthmatiker *glaubt*, nicht ausreichend einatmen zu können. Im Grunde beruht aber die Atmungsstörung auf einer Behinderung der *Ausatmung*. Der psychologische Zusammenhang bedeutet: Ausatmen hat mit Hingabe zu tun. Der Asthmatiker ist *hingabe*gestört. Frau M. spricht es aus, sie ist frigide. Sie fühlt sich minderwertig und glaubt nicht mithalten zu können. Dieser destruktive Glaube trägt auch im sexuellen Bereich Früchte.

– Frau M. *benutzt* auch ihre Krankheiten, um Aufmerksamkeit zu erregen und Macht auszuüben. Leonhard Seif hat diese Verhaltensweise in einem Beitrag über „Eigenliebe und Eitelkeit" gut charakterisiert:

„Auch das Fesselnwollen und die Abneigung, andere gelten zu lassen, gehören hierher. Eigenliebe und Eitelkeit ertragen nicht Abwesenheit, Selbständigkeit und Freiheit des anderen oder gar seine Abwendung und Hinwendung auf andere und deren Anerkennung, sondern suchen ihn auf jede Weise sich dienstbar zu machen durch Angst, Krankheitssymptome oder eine Revolte und fördern den Neid, die Eifersucht und Schadenfreude."[6]

– Frau M.s Liebe zu ihrem Gatten ist frag-würdig. Sie sagt nicht, daß sie ihn braucht, weil sie ihn liebt, sondern daß sie ihn liebt, *weil sie ihn braucht.*

2. Eifersucht oder Aufmerksamkeit um jeden Preis

In ihrem Buch „Der dressierte Mann" beschreibt und analysiert Esther Vilar unbarmherzig, leidenschaftlich und provozierend ihr eigenes Geschlecht und stellt die subtilen Methoden der Frau bloß, die von klein auf lernt, den Mann zu dressieren und zu unterwerfen. Sie wartet mit frechen Behauptungen auf und stellt die Frauen geradewegs an den Pranger. Es ist amüsant, zu lesen, wie die Frau Methoden entwickelt, um den Mann zu versklaven und so zu dressieren, daß er sich in der Sklaverei – sprich Ehe – wohlfühlt. Es grenzt an Magie, wie Frauen Männer eifersüchtig machen können, um sie entsprechend besser ausbeuten zu können. Wörtlich heißt es bei ihr:

„Bei der Frau verhält es sich genau umgekehrt: Sie verheimlicht ihrem Mann alles, nur nicht ihr Interesse an einem anderen Mann oder dessen Interesse an ihr. Wenn sich schon ein zweiter oder dritter Mann für sie interessiert, dann muß dieses Interesse auch umgehend kommerzialisiert werden und so einen Sinn bekommen: Der Mann, dem sie es eingesteht, muß begreifen, daß es notfalls noch andere gibt, die für sie sorgen würden. Das wird augenblicklich seine Produktivität steigern und ihn wieder auf Trab bringen."[7]

– Hier wird deutlich, auch wenn die Darstellung überspitzt ist: Eifersucht ist kein biologisches Problem, Eifersucht kann nicht von den Ursachen her verstanden werden, sondern von den *Zwecken* und *Zielen*.

– Die leichteste Methode der Eifersucht ist, Aufmerksamkeit zu erregen. Esther Vilar hat das partnerschaftsfeindliche Spielchen treffend beschrieben. Menschen, die unsicher sind, ob sie genügend geliebt und geschätzt werden, verlangen dauernd Zeichen der Ergebenheit.

– Das Zitat darf nicht mißverstanden werden: *Nur* ein eifersüchtiger Mensch, ein Partner, der es nötig hat, leidenschaftlicher begehrt, heißer geliebt und inniger bejaht zu werden, der vom Gefühl der Unzulänglichkeit geplagt wird, verfällt auf die Idee, auch seinen Partner eifersüchtig zu machen.

– Fühlt der Partner sich nicht genug beachtet, muß er ständig nach neuen Aufmerksamkeiten fahnden. Sein egoistisches und egozentrisches Verhalten führt schließlich zur Tyrannei. Unaufhörlich muß er neue Gelegenheiten erfinden und gleichzeitig gegen den Abnutzungseffekt ankämpfen.

– Die eifersüchtige Praxis der Aufmerksamkeitserregung ist in der Tat noch eine harmlose Vorstufe der Tyrannei – wenn es dabei bleibt. In der Regel steigert der Eifersüchtige aber sein Tempo, weil seine Erwartungen unerfüllt bleiben. Bis zur Machtausübung und zum Überlegenheitsstreben sind die Grenzen dann schnell erreicht. Der Eifersüchtige hat immer das Gefühl, nicht befriedigt zu werden, und die Tragödie beginnt sich zu entfalten – im Sinne Oscar Wildes, der gesagt hat: „Auf dieser Welt gibt es nur zwei Tragödien: Die eine ist, zu bekommen, was man will, und die andere, es nicht zu bekommen."

– Eine Form, um Aufmerksamkeit zu erregen, ist der *Diebstahl.* Eifersucht ist die Mutter jeden Diebstahls. Die amerikanischen Psychologen Marguerite und Willard Beecher schreiben:

„Doch nach Ablauf der Kindheit ist das Stehlen Ausdruck der eifersüchtigen Konkurrenz. Fast alle Diebstähle werden heute von Menschen begangen, die immer konkurrieren wollen, um guten Eindruck auf ihre Umgebung zu machen und ihre Eifersucht zu besänftigen." Und eine Seite weiter machen die Autoren an einem Beispiel die Aufmerksamkeitserregung anschaulich:

„Zuerst bestahl er nur andere Kinder. Dann fing er an, seinem Bruder, seinen Eltern, Verwandten, Gästen der Familie, Nachbarn und Lehrern, einfach jedermann, Dinge zu klauen. Er stahl, sobald er das Gefühl hatte, seine Forderung nach Aufmerksamkeit wurde nicht erfüllt: Wenn die Eltern ein Fest für eines der anderen Kinder vorbereiteten, wenn sie Gäste hatten und sich mit ihnen beschäftigten, wenn sie sich einem kranken Verwandten widmeten, wenn sein Bruder Karl besondere Ehren einheimste, kurz: immer wenn sich die liebevolle Aufmerksamkeit der Eltern jemandem anderem zuwandte."[8]

3. Eifersucht als Mittel der Überlegenheit und Herrschaft

In der dritten Phase steigert sich die Eifersucht zum kriegsähnlichen Zustand. Die Tyrannei ist komplett, das Überlegenheitsstreben grenzenlos. Wie sehr Eifersucht als Mittel der Versklavung und der Herrschaft eingesetzt werden kann, beschreibt die schon zitierte Autorin Esther Vilar. Einem ganzen Kapitel gibt sie die boshafte Überschrift „Kinder als Geiseln". Um ihre Herrschaft als Ehefrau zu festigen, schämt sie sich nicht, ihre eigenen Kinder als Geiseln zu benutzen und den Ehemann an die Kette zu legen. Bei Esther Vilar liest sich das dann so: „Ein Mann, der mit einer Frau Kinder zeugt, gibt ihr Geiseln in die Hand und hofft, daß sie ihn damit bis in alle Ewigkeit erpressen wird. Nur so hat er in seinem absurden Dasein einen Halt und die sinnlose Sklaverei, auf die er dressiert wurde, eine Rechtfertigung… Die Frau nimmt seine Dienste im Namen ,der Familie' freudig entgegen: Sie akzeptiert die Geiseln, die er ihr anvertraut, und macht damit, was er sich wünscht (kettet ihn immer fester an sich und erpreßt ihn bis an sein Lebensende) – und zieht daraus den Nutzen."[9]

Esther Vilar unterstellt vielen Frauen, daß sie einige Stunden Schmerzen und eine Reihe Unannehmlichkeiten gerne auf sich nehmen, um lebenslange Sicherheit, Komfort, Bequemlichkeit und Freiheit – ohne volle Verantwortung – dafür einzutauschen.

– Eifersucht wird nahezu in der gesamten Literatur als Besitz*gier* entlarvt. Wer von dieser Besitzgier ergriffen ist, wird selbst Kinder als Geiseln einsetzen, um seiner Besitz*sucht* zu frönen. Nur auf dem Hintergrund des Suchtverhaltens können die zweifelhaften Manipulationen besitzgieriger Menschen verstanden werden. Besitzgier ist der Ausdruck rücksichtsloser und maßloser Eigenliebe und grenzenloser Herrschsucht.

a) Ein Fallbeispiel
Ein weiteres Beispiel soll die Verhaltensmuster der Herrschsucht charakterisieren.

Frau A. war ohne Anmeldung eines Tages in der Beratungsstelle erschienen, und es gelang ihr, sich einige Beratungstermine zu verschaffen. Um die Beratungsdauer abzukürzen, bat ich sie, mir das Problem schriftlich zu schildern und mir einen kurzen Lebenslauf – wie er ihr wichtig erschien – in der nächsten Sitzung abzuliefern. Aus diesem Bericht greife ich einige Abschnitte heraus:

,,… meine Kindheit war nicht schön. Meine Spielgefährten waren tüchtiger. Ich habe sie bewundert und mich immer gefragt, warum ich nicht bewundert würde. Gegenüber den anderen hatte ich eins voraus: einen starken Willen. Alle meine Kraft mußte ich einsetzen, um mich durchzusetzen. Ich war die Älteste von vier Kindern. Zwei Brüder haben mir schwer zu schaffen gemacht. Sie waren stärker als ich, nahmen sich in der Familie und draußen viele Frechheiten heraus. Einer davon war ein richtiger Gassenjunge. Ich konnte mich nur als Musterkind behaupten und kontrollierte jeden Schritt und Tritt von ihnen. Die Eltern stellten mein Benehmen immer als Vorbild hin… Mein Mann ist sehr weich und unentschlossen. Das führt zu entsetzlichen Auseinandersetzungen. Ich kann es nicht haben, wenn er mich im ungewissen läßt. Er nimmt Termine wahr, ohne sie mir anzukündigen. Er denkt außerdem nicht daran, mir genau zu sagen, wo er ist. Manchmal glaube ich, er will mich völlig in der

Luft hängen lassen. Würde er mich wirklich lieben – ich zweifle daran –, würde er mir alles sagen. Ein ständiges Ärgernis entsteht dadurch, daß mein Mann mich warten läßt. Ich kann kein Auto fahren, ich bin also auf ihn angewiesen. Nicht selten mache ich ihm dann auf offener Straße eine Szene. Ich kann mich in dem Augenblick nicht beherrschen. Lobend muß ich erwähnen, daß mein Mann dann kommt und die Sache wieder in Ordnung bringt. Mir fällt es schwer nachzugeben. Wenn wir Besuch haben, bei Freunden sind und mit anderen diskutieren, geraten wir uns über Kleinigkeiten in die Haare. Mein Mann wirft mir nämlich vor, daß ich immer recht behalten müsse ... Manchmal werde ich richtiggehend depressiv und bekomme rasende Kopfschmerzen. Ich fühle mich ohnmächtig und komme gegen seine Alleingänge nicht an."

Was macht das Geschriebene deutlich?
– Frau A. war die Älteste von vier Kindern. Sie mußte in der Tat versuchen, gegen die anderen im Sattel zu bleiben. Macht und Herrschenwollen spielten daher seit der frühen Kindheit eine besondere Rolle in ihrem Leben.
– Frau A. schwört auf ihren *starken Willen*. Damit demonstriert sie ihren Machtanspruch. Im Zusammenhang ihres Lebenslaufs verdeutlicht sie, daß es ihr um Kontrolle geht und den ersten Platz, den sie auch als Mädchen nicht einbüßen will.
– Frau A. entwickelte schon früh spezielle Techniken, um ihre Machtposition zu festigen. Gegen die jüngeren Brüder kam sie körperlich nicht an. Wahrscheinlich waren sie auch robuster und frecher. Die Älteste entwickelte sich daraufhin zum *Musterkind* und verschaffte sich auf diese Weise Anerkennung bei den Eltern. Gleichzeitig *kontrollierte* sie ihre Geschwister auf „Schritt und Tritt", eine Verhaltensweise, die sie später bei ihrem Ehemann anwandte.
– Frau A. fühlte sich *unterlegen* und bewunderte die anderen. Macht- und Herrschsucht sind aber in den Augen des Untüchtigen ein effektiver Schutz gegen das Gefühl der Belanglosigkeit. Viele Menschen streben nach Macht und Besitz, um ihre Unwichtigkeit, ihre Belanglosigkeit und Hilflosigkeit zu überspielen. Die darniederliegende Selbstachtung wird durch Macht- und Herrschsucht wieder aufgerichtet.
– Frau A. möchte nicht, daß sich irgend etwas ereignet, das sie nicht veranlaßt oder gebilligt hätte. Sie will *alles* wissen, ihr soll *nichts* vorenthalten werden. „Er denkt außerdem nicht daran, mir genau zu sagen, wo er ist."

– Frau A. zeigt eine ungeduldige Haltung, die eng mit Machtstreben verbunden ist. Jede Verzögerung und jedes aufgezwungene Warten werden zur Quelle des Ärgers. Die *Machtdemonstration* auf offener Straße kennzeichnet ihre Herrschsucht.
– Frau A. deutet die Reaktion ihres Ehepartners als mangelnde Liebe. Sie kann nicht erkennen, daß der Ehemann aus Verärgerung über die ständige Bevormundung seine Mundfaulheit als Gegenmachtmittel benutzt. Frau A. gab in einem Beratungsgespräch zu erkennen, daß sie eine dominante Mutter gehabt hat, die sich oft über den Ungehorsam der Tochter geärgert hatte und ihr dann vorwarf, sie nicht genügend zu lieben. Diesen Vorwurf macht sie heute ihrem Mann.
– Frau A. kann nicht *nachgeben*. Nicht nachgeben können ist ein typisches Verhalten herrschsüchtiger Menschen. Mit einer Meinung übereinstimmen oder einen Rat anzunehmen, wird als Schwäche empfunden. Der Berater wird übrigens an dieser Stelle den stärksten Widerstand erfahren, denn der herrschsüchtige Klient hat große Angst davor, eine Änderung seines Verhaltens als Schwäche und Nachgeben zu erleben.
– Frau A. erlebt gelegentliche *Depressionen*. Sie sind die Verzweiflung und Resignation darüber, daß sie nicht uneingeschränkt das Heft in der Hand hält. Mit ihren Kopfschmerzen geht es ähnlich. Sie verkrampft sich und zerbricht sich den Kopf, wie sie wieder Herr der Situation werden kann.
– Frau A. muß immer *recht behalten*. Der Herrschtyp kann nicht nachgeben und weiß alles besser. Er setzt sich durch und weiß in der Regel auch schon im voraus, was passieren wird. Seinen Vorahnungen sind keine Grenzen gesetzt. Der Herrschtyp ist der Prophet en miniature.

b) Besitzsucht oder Ich habe dich zum Fressen gern
– Die besitzergreifende Liebe ist eine *fressende* Liebe. Sie will sich den Partner einverleiben. Aber die Liebe, die sich den anderen einverleiben will, ist in der Regel tragisch. In den Worten „auffressen" und „einverleiben" schwingt der Gedanke des Tötens mit. Hebbel hat in „Herodes und Mariamne" diese Tragik dargestellt. Herodes will sich Mariamnes ganz versichern, selbst über seinen eigenen Tod hinaus, und das kann er wünschen mit der Absicht, sie ermorden zu lassen, wenn er aus der Schlacht nicht zurückkehrt. Nur im Akt des Tötens kann der andere ungeteilt besessen werden. Von daher ist der Mord aus Eifersucht potenzierte besitzergreifende Liebe.

- Die besitzergreifende Liebe will *alles oder nichts*. Ein charakteristisches Beispiel liefert uns Shakespeare in seinem „Othello". Der eifersüchtige Othello beispielsweise, der Desdemona ermordet, wußte in der Tiefe seines Herzens genau, daß er den Angaben Jagos nicht glauben durfte. Tatsächlich ermordete er sie nicht, weil er an ihre Untreue glaubte, sondern weil der Mord der einzige Weg war, sie voll und ganz besitzen zu können. Denn solange sie lebte, hatte sie Gedanken und heimliche Wünsche und gehörte ihm nicht ausschließlich.
- Die besitzergreifende Liebe *zwingt* den Partner zu Gegenmaßnahmen. Sie steigert daher die Spannung in einer Beziehung. Die Dominanz verstärkt sich, die scheinbare Unterordnung des Partners nimmt zu. Siege und Niederlagen wechseln einander ab. Aber entscheidend bleibt: Im eifersüchtigen Ehestreit gibt es keine Sieger, sondern nur Verlierer und Geschädigte. Der Unterlegene hat zu viele Möglichkeiten, den Ausgleich wiederherzustellen. Der schweizerische Arzt und Ehetherapeut Jürg Willi umschreibt das *Waffenarsenal*, das dem Unterliegenden zur Verfügung steht und beiden Ehepartnern nur Pyrrhus-Siege zufügt.

„Kippt nun die Balance einseitig um und merkt einer der Partner, daß er dem anderen mit direkten Mitteln unterliegt, so kann er in einer Partnerbeziehung auf ein großes ‚Waffenarsenal' zurückgreifen, mit dem er sich trotz scheinbarer Unterlegenheit dem Partner gegenüber behaupten und wieder in ein – allerdings destruktives – Gleichgewicht bringen kann. Die dazu eingesetzten Mittel sind etwa: Weinen, depressive Vorwurfshaltung, Davonlaufen, trotziges Schweigen, Märtyrer- und Heiligenhaltung, psychosomatische Symptombildung, Suizidversuche, Alkoholräusche, Arbeitsstreik, Einbezug von Drittpersonen usw. Viele Ehequalen entstehen dadurch, daß jeder nur noch darauf bedacht ist, dem anderen Schmerzen zuzufügen oder den anderen zu zerstören, ohne Beachtung der Tatsache, daß er damit sich selbst mit schädigt."[10]

4. Eifersucht oder Rache ist süß

Dieses vierte *zweckgerichtete* Verhaltensmuster der Eifersucht ist Rache. Ohne Zweifel gehört es zu den gefährlichsten Methoden der Eifersucht.

a) Wie sich Rachsucht entwickeln kann

Erwin ist das mittlere Kind einer sozial „normalen" Familie. Der Vater hat sich zum Techniker heraufgearbeitet. Verbringt viel Zeit mit Überstunden im Büro, liest viel Fachliteratur und beschäftigt sich auch in seiner Freizeit mit technischen Problemen der Firma. Im Hintergrund steht ein Stück Flucht vor der Familie, wo es ihm zu laut, zu disharmonisch und zu unruhig zugeht. Er ist ein stiller, unauffälliger Mann, der seiner Frau mit ihrem Mundwerk den Vortritt läßt.

Die Mutter ist eine stark gestikulierende Person, die ihr Herz auf der Zunge trägt, sich von Ärzten ständig Beruhigungsmittel verschreiben läßt und mit lauten Worten und Geschimpfe für Ordnung sorgt. Sie kommt aus einer Familie mit nur männlichen Geschwistern, die sie als Kind und Jugendliche arg gezaust und geärgert haben, so daß Jungens in ihren Augen von vornherein den Teufel im Leib haben, frech, aufsässig und grausam sind. Die älteste Tochter ist Mutters Liebling. Sie ist sehr angepaßt, schaut der Mutter die Wünsche von den Lippen ab. Sie hat dadurch den größten eigenen Vorteil und liegt mit dem jüngeren Bruder, dem *Streithammel*, in beunruhigender Fehde. Die Schwester beschimpft den Bruder als *Verbrecher*. Die Mutter läßt die Tochter gewähren. Das zweite Kind ist zum Sündenbock gestempelt und muß für alle Fehlschläge, Konflikte und Schwierigkeiten direkt oder indirekt den Kopf hinhalten. Der Vater möchte dem Jungen beistehen, ist aber zu oft außer Haus und überläßt seiner Frau – um des lieben Friedens willen – das Heft. Der Junge bekam Schwierigkeiten und Aggressionen, als die zweite Schwester geboren wurde. Seine Befürchtung war, daß jetzt noch so ein weiteres weibliches Prachtexemplar von der Mutter hofiert und er von allen abgeschrieben würde. Wo er Spielzeug der älteren Schwester erwischen konnte, schlug er es kaputt. Er warf ihren Ranzen in einen Teich. Versteckte ihr mehrfach die erledigten Hausaufgaben, zerriß das Heft und ließ die Schwester ohne Aufgaben in die Schule gehen, die nichtsahnend die Tasche öffnete und etliche Male ohne Hausaufgaben dastand. Sie wurde von Lehrern als Lügnerin betitelt und erst ein halbes Jahr später rehabilitiert, als die aggressiven und destruktiven Verhaltensweisen des Bruders ans Tageslicht kamen. Jetzt wurde natürlich der Bruder für *alle* Schandtaten verantwortlich gemacht. Diese Ungerechtigkeit brachte ihn dermaßen in Harnisch, daß er zu Weihnachten kurzerhand die Wohnung mit Kerzen am Weihnachtsbaum in Brand steckte. Der Junge will sich mit einem „Unfall" herausreden. Die Recherchen ergeben aber doch wohl eindeutig, daß er die Rache eingeplant hatte. Die Schulleitung wollte ihn auf eine Sonderschule abschieben, weil er Klassenkameraden blindwütig, ohne erkennbare Gründe, zusammenschlug. Im Unterricht verhielt er sich zumeist passiv-destruktiv, machte keine

Hausaufgaben mehr, gab keine Antworten, wenn er gefragt wurde, und schrieb in einem Klassenaufsatz unter dem Thema „Wer ist mein Nächster, und wie gehe ich mit ihm um?" folgende Sätze hin, die mir seine Mutter aus der Schule mitbrachte:

„Mein Allernächster ist meine Schwester. Sie ist eineinhalb Jahre älter als ich. Sie ist ein richtiges Miststück. Auch wenn ich es nicht sagen soll, mir fällt kein besserer Ausdruck ein. Die jüngste Schwester ist auch nicht viel besser. Die bekommt, was sie will, weil sie raffiniert ist. Ich hänge dazwischen und kriege von allen Seiten Prügel. Da soll ich mich anständig verhalten?"

Er wagte es nicht, seine Schwester zusammenzuschlagen, weil er dafür sehr hart bestraft worden wäre. Um so mehr ließ er seine angestauten Aggressionen an anderen aus.

Ich lernte den 13jährigen Jungen kennen, der in die Beratung gebracht wurde. Als die Mutter die Hautabschürfungen und zerrissenen Kleider schilderte, die er seinem zusammengeschlagenen Klassenkameraden beigebracht hatte, liegt ein triumphierendes Lächeln über seinem Gesicht. Die Bestätigung und Zuwendung, die ihm positiv von den Eltern versagt wurde, beschaffte er sich indirekt durch ständige Aggressionshandlungen. Sein Name ist in der Familie, in der Schule und in der Straße bei anderen Kindern im Gespräch. Alle Welt muß sich mit ihm beschäftigen, ob sie wollen oder nicht. Er sorgt schon dafür. Er hat sich auf dem Hintergrund der Vernachlässigung, der Verdächtigung und Mißachtung zu einem aggressiven, rachsüchtigen Lebensstil entschieden und glaubt, sich damit Respekt zu verschaffen.

b) Kommentar zum rachsüchtigen Verhalten

– Die Zeitung ist jeden Tag voll von Verbrechen, die als „sinnlos" oder „grundlos" charakterisiert werden. Aber es gibt keine *grundlose* Tat. Kinder und Erwachsene verfolgen einen *Zweck*.

– Menschen, die durch Rache motiviert sind, offenbaren eine Störung, die ans Pathologische grenzt. Bittere Enttäuschungen, wie bei Erwin, werden durch Streben nach Beachtung, durch Macht und durch Rache ausgeglichen. Sie wollen den Erwachsenen oder dem Liebespartner heimzahlen, was sie *glauben*, nicht bekommen zu haben.

– Jeder Mensch empfängt von Kind an Botschaften, Rollenbuchanweisungen, konstruktive oder destruktive Befehle. So kann jeder Mensch – nach Eric Berne – ein potentieller „Prinz" oder eine potentielle „Prinzessin" werden. Sie können aber auch „ein Frosch" oder ein „Ungeheuer" werden, sich als Versager und

Verlierer fühlen und dementsprechend sich am Leben rächen. Sie fühlen sich als Unterlegene und wollen – wenigstens destruktiv – der Gesellschaft zeigen, was die Uhr geschlagen hat.

– Rachsucht ist oft die Antwort des Menschen auf negative Erwartungen in der Kindheit. Negative Erwartungen haben die Eigenart, sich zu erfüllen. Das Kind kann sich mit diesen Erwartungen identifizieren, kann sich die negativen Vorstellungen zu eigen machen. Wie können solche Rollenerwartungen aussehen?

„Annemarie ist unser *Dummerle.*"

„Gerhard ist der *Schlaumeier* in der Familie."

„Gisela das *Mauerblümchen.*"

„Erwin ist der *Streithammel.*"

Im Lauf der Zeit wird die *Erwartung* zur zweiten Natur, das Kind *will* auch so sein. Aus dem Streithammel wird ein rachsüchtiger Mensch, der seine Geschwister, seine Eltern, seine Kameraden und seinen späteren Lebenspartner angreift und sich für erlittenes Unrecht *rächt.*

– Fast jede Kriminalität ist Ausdruck von Rache. Diese Menschen glauben, nur noch anerkannt zu werden, wenn sie Feindschaft hervorrufen. Der Kriminelle führt einen Krieg gegen die Gesellschaft.

– Besonders *depressive* Partner sind durch Trotz und Rachsucht gekennzeichnet. Sind sie in liebloser Atmosphäre aufgewachsen, lernen sie bocken, trotzen und sich rächen. Sie können im Schmollwinkel sitzen und schmoren, sich an der Partnerschaft und Gemeinschaft rächen. Sie verbohren sich in ihre depressive Stimmung und fühlen sich stark wie Kinder, die nicht nachgeben wollen.

– Eine besonders schwere Form der Rache ist der *Selbstmord.* Josef Rattner beschreibt die Einstellung des Selbstmörders so:

„Auch im Selbstmord liegen solche Gedankenverkettungen vor. Selbstmörder hinterlassen Briefe, die dem Kundigen leicht zeigen, wie sehr sie sich in das Gequältsein der Hinterbliebenen einzufühlen verstehen. Die Psychoanalyse hat behauptet, daß in jedem Suizid eine Tötungsabsicht bezüglich nahestehender Personen zu entdecken sei. Die unbewußte Menschenfeindschaft ist der Hauptquell depressiver Verstimmungen."[11]

– In der Ehe ist das *Vergeltungsstreben* die letzte Phase offener Feindschaft. Die Eifersucht wird als Vergeltungswaffe eingesetzt. In der Regel hat der Eifersüchtige ein Gespür dafür, die wundesten Stellen des Partners ausfindig zu machen, um hineinzustoßen.

Das Vergeltungsstreben offenbart völlige Verzweiflung und Hoffnungslosigkeit und macht deutlich, wie schwer es sein wird, in Beratung und Therapie diese Mauer aus Verzweiflung, Resignation und Hoffnungslosigkeit zu durchbrechen.

Eifersucht und Geschwisterrivalität

Die eifersüchtige Konkurrenz ist ein Zustand, der einen Menschen in seinen Beziehungen zur *gesamten Umwelt* erfaßt. Sie ist mehr als eine scheußliche Gefühlsaufwallung, sie stellt eine umfassende Art des Sehens, des Denkens und Handelns dar. Einige Aspekte der Eifersucht, die sich als verzerrte Wahrnehmung etabliert und die verschiedensten Symptome produziert haben, hängen mit der *Geschwisterposition* zusammen. Geschwister sind oft Rivalen. Sie messen sich, sie vergleichen sich und legen den Grundstein für Eifersucht.

Für die Entwicklung des Charakters sind nicht nur die Eltern des Kindes entscheidend, sondern auch die Geschwister. Die Stellung in der Geschwisterreihe kann geradezu schicksalhafte Bedeutung gewinnen. Die Situation des ersten Kindes ist eine völlig andere als bei den nachfolgenden. Alfred Adler charakterisiert die Geschwisterrivalität so:

„Wir müssen die Geschwisterreihe mit einem Bäumchen in einer Baumgruppe vergleichen. Hinaus zur Sonne wollen alle. Die Situation des ältesten Kindes ist ganz verschieden von der eines zweiten Kindes. Es ist eine Zeitlang allein. Auf einmal wird sein Bewegungsraum eingeengt von einem zweiten Kind. Es erlebt eine Tragödie. Diese Kinder benehmen sich später so, als ob sie sich fürchten müßten, daß ein anderer ihnen über das Haupt wächst. Sie werden immer darauf achten, daß ein anderer ihnen nicht vorgezogen wird."[1]

Und dieses *Vergleichen* ist ein Charakteristikum der Eifersucht, des Neides und der Rivalität.

Der entthronte Albert

Frau B. hat zwei Kinder, einen Jungen und ein Mädchen. Albert ist knapp zehn Jahre alt. Besondere Schwierigkeiten macht ihr der älteste Sohn. Er ist trotzig, distanziert, kühl, kalt und gefühlsscheu. Er erzählt fast gar nichts. Alles schweigt er in sich hinein.

„Glauben Sie ja nicht, daß er sich anfassen läßt. Er zeigt mir sofort die kalte Schulter."

Auf die zweieinhalb Jahre jüngere Schwester Elvira sei er wütend. Ja, sie wage es gar nicht zu äußern, aber sie sei fest davon überzeugt, daß Albert sie hasse. Bei jeder passenden Gelegenheit würde er aggressiv, beschimpfe sie mit unflätigen Ausdrücken, träte mit den Füßen nach ihr und mache ihre Spielsachen kaputt. Völlig unverständlich sei ihr, woher der Junge den Hang zur Grausamkeit habe. Deswegen habe er schon viel Schläge bekommen. Der Junge habe ein Meerschweinchen, das Mädchen einen Wellensittich gehabt. Als dem Jungen das Meerschweinchen eingegangen sei, sei zwei Tage später auch der Wellensittich tot im Käfig gelegen. Sie glaube, ganz bestimmt, daß der Sohn aus krankhafter Eifersucht den Vogel getötet habe. Bei Spielkameraden sei er unbeliebt. Er wolle herrschen, das Spiel bestimmen und den Ton angeben. Außerdem fühle er sich von den Schulkameraden und besonders vom Klassenlehrer abgelehnt. Zu Hause sei er zum „schwarzen Schaf" geworden. Er sei außerdem stinkfaul, und die Eltern müßten sich ständig ernsthaft um ihn bemühen. Die Kleine mache das Rennen. Besonders der ehrgeizige Vater ärgere sich über die „zum Himmel schreiende Faulheit". Mit Mädchen könne er überhaupt nicht spielen. Da kenne seine Aggressivität keine Grenzen. Er spiele dann lieber allein und entwickele Eigenbrötlerallüren.

Leider müsse sie sagen, daß sie es besser mit Mädchen könne als mit Jungen. Mit ihrem eigenen Bruder habe sie früher auch ständig Streit gehabt. Zudem sei sie sehr pessimistisch eingestellt, was sie von ihrem Mann keineswegs sagen könne.

Weiterhin sei Albert empfindlich. Ständig habe er das Gefühl, ihm würde etwas weggenommen, er würde benachteiligt und käme zu kurz. Manchmal reagiere er schon, bevor überhaupt jemand etwas gesagt oder getan habe. Er höre geradezu das Gras wachsen. Ich fragte die Eltern nach einer Stärke des Jungen. Eine Stärke habe der Junge, er spiele Trompete im Posaunenchor der Kirchengemeinde. Der Jungscharleiter von Albert habe es verstanden, den schüchternen und völlig distanzierten Jungen für sich zu gewinnen. Er habe noch ein Musikinstrument zu vergeben gehabt, das frei geworden war. Er habe Albert gefragt, und der habe merkwürdigerweise zugesagt. Jetzt übe Albert fleißig, um nicht zu sagen „besessen", wie sich die Mutter ausdrückt. Mit zehn Jahren sei er der jüngste Bläser der Gemeinde. Wenn er auch seinen Mund nicht aufbekäme, das erzähle er überall und sei riesig stolz darauf. Ja, und dann sei er sehr sauber, zwanghaft sauber und ordentlich. Alles müsse geordnet sein, geregelt und aufgeteilt. Er erzähle in der Jungschar und bei Bekannten, daß seine Schwester in ihrem Zimmer einen „Saustall habe". Besonders von der Großmutter werde er für seine Ordentlichkeit belohnt. Leider sei die Tochter eine Schlampe. Was die Eltern weiterhin besonders ärgere, sei, daß der Junge „nuschele". Er spreche leise und unverständlich und bringe damit seine Eltern in Harnisch.

Was ist eine Lebensstilanalyse?

Das Wort *Lebensstil* ist ein besonderes Charakteristikum der Individualpsychologie. Weil es im Buch immer wieder auftaucht, soll es an dieser Stelle gesondert besprochen werden. Was verstehen wir unter einem Lebensstil, und wie entwickelt er sich?

Wenn man ein Kind oder einen erwachsenen Menschen verstehen will, muß man die *Ziele* eines Menschen aus seinen Handlungen, Plänen und Wünschen erkennen. Der Mensch *setzt* sich kein Ziel, aber er handelt, *als ob* er ein Ziel verfolge, und sein Handeln kann nur so verstanden werden. Seine Handlungen sind das Spiegelbild seines individuellen Lebensstils. Andere Begriffe für Lebensstil sind: Lebensschablone, Lebensplan, Bewegungsgesetz, Gangart und Lebensschema. Der Begriff *Stil* ist der Kunstgeschichte entlehnt. Stil ist die ideale Einheit eines aus lauter konkreten und verschiedenen Elementen bestehenden Ganzen. Der Begriff des Stils stellt ein *Ganzes* dar. Das Ganze ist *vor* seinen Teilen gegeben.

Im menschlichen Leben ist es ähnlich, nicht Einzelfunktionen sollen getestet, gemessen und eingruppiert werden, sondern es geht um das *Bewegungsgesetz* der Gesamtpersönlichkeit. Die Individualpsychologie versteht alle Äußerungen, jede Geste, jeden Affekt, jede Handlung als Ausdruck der *Gesamt*persönlichkeit, als ein unteilbares Ganzes. Das Ganze ist mehr als die Summe seiner Teile. Das Ganze ist es, das die Tätigkeit der Teile bestimmt.

Albert hat sich in der Familie, im Umgang mit Vater, Mutter und Schwester seinen Lebensstil *geschaffen*. Alberts Charakter ist nicht angeboren, seine Eifersucht kein ererbtes Schicksal. Es ist daher weniger entscheidend, was einer bei der Geburt mitbringt, als das, *was er daraus macht*. Keine Anlagen *zwingen* den Menschen, sich so oder anders zu verhalten. Die schöpferische Kraft und die Entscheidungsfähigkeit des Menschen bestimmen, bewerten und beurteilen die Einflüsse von draußen und drinnen. Auch Albert hat sich einen Plan für sein Leben zurechtgelegt, wie er *glaubt*, das Leben zu meistern, Schwierigkeiten zu überwinden oder ihnen aus dem Weg zu

33

gehen. Albert ist kein *Opfer* in diesem Spiel der zwischenmenschlichen Kräfte. Er *gestaltet* sein Leben, er *macht* seine Erfahrungen und wertet sie nach seiner subjektiven Meinung aus. Der Lebensplan wird schon in einer Zeit gebildet, wo das Kind noch unfähig ist, Schlußfolgerungen aus seinem Erleben in Worte und Begriffe zu fassen. Das Kind beginnt aber in dieser Phase aus belanglosen Erlebnissen wortlos Schlußfolgerungen zu ziehen und wortlos Erfahrungen zu *machen,* die sein Verhalten, sein Planen und Denken bestimmen. Die gemachten Erfahrungen und die subjektive Auslegung derselben führen zur Harmonisierung von Leitsätzen, die seine Handlungsweise für sein ganzes Leben bestimmen. Es ist auffällig, daß der Lebensstil oder die Bewegungslinie des Menschen sein ganzes Leben lang gleich bleibt, wenn nicht schwere Erschütterungen seinen Lebensplan durchkreuzen oder er in therapeutischer Behandlung seine Ziele und Verhaltensweisen ändert.

Albert zieht Schlüsse aus allen Erlebnissen, und so bildet er seine *private Logik,* seine subjektiv verfärbte Einstellung. Dieses irrtümliche Verhalten wird er als richtig ansehen, weil es ihm im Licht seiner persönlichen Zielsetzung als richtig *erscheint.* Und so wie er eine Sache bewertet, so handelt er auch. Denn nicht die Tatsachen bestimmen unser Verhalten, sondern die *Meinung,* die wir über die Tatsachen gebildet haben. Albert hat also eine bestimmte Meinung von sich, von den Eltern, von der Schwester, von Geben und Nehmen, von Arbeiten und Faulenzen. Die Meinung ist fehlerhaft, verzerrt und nicht objektiv. Es muß aber klar ausgesprochen werden, daß es keinen Menschen auf der Welt gibt, der sich objektiv eine Meinung über Ereignisse, die ihm zustoßen, und Erlebnisse, die ihm widerfahren, machen kann. Auch Albert hat eine eigene *private Logik* entwickelt und denkt die Zusammenhänge im Lichte seines Lebensstiles.

Alberts Lebensstil
Seine Entthronung
Albert ist ältestes Kind. Eifersucht und Neid sind bei ältesten Kindern verstärkt zu finden. Zweieinhalb Jahre hatte er im Mittelpunkt gestanden, und dann wurde er *entthront.* Albert wurde aus seiner Vorzugsposition verdrängt. Einige Jahre brauchte er nicht zu teilen. Alles stand ihm unverkürzt zur Verfügung. Die Situation des entthronten Kindes charakterisiert Alfred Adler so:

„Der ältere Junge erlebt mit der Geburt eines jüngeren eine Tragödie. Wenn wir nun hören sollten, daß dieser Junge sich immer

fürchtet, daß ihm das zweite nachkommt, daß es ihm über den Kopf
wächst, wenn wir hören, daß er die Hoffnung verliert, dann werden
wir begreifen, daß es die Folge ist seiner Mechanisierung. Eine
Inschrift, die in seiner Seele besteht, lautet: ‚Auf einmal kommt ein
anderer und schnappt einem alles weg.' Die Haltung der Kinder wird
verschieden sein. Es hängt alles davon ab, 1. wieweit der Lebensstil
eines solchen Kindes fertiggestellt ist, ob er schwer oder leicht zu
besiegen sein wird, 2. wie sich das zweite Kind verhält, 3. wie sich
die Eltern verhalten und 4. wie sie das ältere Kind vorbereitet haben,
wie sein Gemeinschaftsgefühl auf andere ausgebreitet worden ist.
Das sind bedeutungsvolle Tatsachen, die wir ins Auge fassen müssen."[2]

Die veränderte Persönlichkeit
Albert zeigt mit knapp drei Jahren eine veränderte Persönlichkeit.
Keine *angeborene* Charakterstruktur, die gradlinig und nach inneren Gesetzmäßigkeiten verläuft, tritt zutage, sondern eine Verände-
rung, die mit einer veränderten Umgebung verbunden ist. Die
Schwester revolutioniert sein Leben. Mit Haß, Neid und Mißtrauen
reagiert Albert auf den gefährlichen Nebenbuhler. Albert zieht
Schlüsse aus der Einstellung der Eltern, die sich nach seiner Meinung
lieblos und unverschämt verhalten haben, weil sie sich noch ein weiteres Kind angeschafft haben. Wir können die Gefühle und Vorstellungen selbstverständlich nicht ergründen, aber an Alberts Haltung,
an Alberts Bewegungsgesetz ablesen.

Seine Kühle und Distanziertheit
Albert ist „kühl, kalt und distanziert". Er zeigt die Charakterzüge
des schizoiden Menschen, des unabhängigen, autonomen Menschen. Albert will auf niemanden angewiesen sein. Weder auf seine
Mutter noch auf seine Schwester. Er verschließt sich und behält die
Empfindungen, Erfahrungen und Erlebnisse für sich. „Eigenbrötlerallüren" kennzeichnen ihn. Albert lebt in seiner Welt und schließt
sich ab. Alle Verhaltensformen des Menschen dienen dazu, die unbewußt angestauten Ziele zu erreichen. Die Verhaltensweisen können dem Rückzug dienen oder dem Angriff durch Aggression.
Immer ist es die *Distanz*, die erreicht werden soll.

Je neurotischer ein Mensch ist, desto mehr engt er seinen Aktions-
radius ein und geht auf Distanz. Er distanziert sich von Menschen
und vor allem von allen Lebensaufgaben, von Liebe und Ehe, vom
Beruf und von sozialen Beziehungen, also von der Gemeinschaft.

Gleichzeitig benutzt er aber andere Verhaltenstechniken, um zu herrschen. So *benutzt* Albert offensichtlich seine leise Stimme, um Macht auszuüben. Die anderen müssen sich schon zu ihm bemühen, wenn sie was wollen. Sie müssen ihre Ohren aufsperren, wenn sie verstehen wollen, was er meint. Er *zwingt* seine Umgebung, auf seine Stimme zu hören. Er gibt den Ton an, und zwar buchstäblich verstanden.

Albert als „schwarzes Schaf" in der Familie

Jeder Mensch spielt bestimmte *Rollen*. In der Familie kann jedes Mitglied auch bestimmte Rollen übernehmen. Wie die Rollenübernahme zustande kommt, darüber gehen die Meinungen auseinander. Viele Sozialpsychologen definieren die Rolle als „strukturierte Gesamtheit aller Erwartungen, die sich auf die Aufgaben, das Benehmen, die Gesinnungen, Werte und wechselseitigen Beziehungen einer Person richten, die eine spezifische Gruppenposition innehat und in der Gruppe eine bestimmte Funktion erfüllen muß". So zitiert Horst-Eberhard Richter E. L. und R. E. Hartley[3].

Mit anderen Worten:

Bestimmte unbewußte Erwartungen der Eltern begünstigen bei ihren Kindern eine neurotische Störung. „Sie saugen das Kind gewissermaßen in ihren eigenen Konflikt hinein, je mehr sie mit sich selbst unzufrieden sind, um so eher fordern sie vom Kind die Erfüllung der Rolle eines erlösenden Wunderkindes – oder umgekehrt der Rolle eines ‚Sündenbocks‘, der sie von eigenen Schuldgefühlen entlasten soll."[4]

Richter charakterisiert das Verhalten der Eltern als „narzißtische Projektion". Es handelt sich also darum, daß die Eltern Konflikte in das Kind *hineinsehen*, die in Wirklichkeit in ihnen selbst liegen. Daß das beispielsweise für Alberts Mutter zutrifft, macht ihre kurze Bemerkung in der Beratung deutlich, daß sie *glaubt*, mit Jungen nicht so gut zurechtzukommen. Sie selbst ist in einer Familie mit zwei Brüdern großgeworden, war mittleres Kind und hatte über sich einen Bruder und unter sich ein männliches Geschwister, mit denen sie fertig werden mußte. Offensichtlich hatte sie damit gewisse Schwierigkeiten und machte sich die Erfahrung zu eigen: „Jungen sind schwierig. Du wirst es erleben." Und sie hat es erlebt, weil sie ihre Befürchtungen und Erwartungen auf den Erstgeborenen „narzißtisch projizierte", wie Horst-Eberhard Richter das nennt. Mit dem Vater ist es ähnlich. Er hätte gern studiert, wäre gern Diplomingenieur geworden. Er hat es *nur* bis zum Ingenieur (grad.) gebracht. Sein Sohn soll einmal seine Wünsche realisieren. Und das Gegenteil scheint einzutreffen. Der Sohn *rächt* sich an den Eltern, daß sie ihn aus der Mittelpunktsrolle gedrängt haben, und wird faul. Der Vater ist entsetzt und stempelt ihn zum „schwarzen Schaf" und zum Sündenbock in der Familie. So sind die eigenen zu hohen Erwartungen des Vaters vertuscht. Er ist seinen Schuldanteil los, er hat sich entlastet – zuungunsten des Sohnes.

Etwas Negatives in den anderen hineinsehen wird treffend mit dem Ausdruck „jemand zum Sündenbock machen" umschrieben. Der Versuch, eigene Schuldgefühle durch Abwälzung auf einen Sündenbock zu beseitigen, ist seit alters her bekannt. Das Volk Israel praktizierte am jährlichen Versöhnungstag dieses Zeremoniell. Auf den Ziegenbock wurde die ganze Missetat des Volkes geladen. Anschließend wurde er in die Wüste gejagt. Der Sündenbock ist der Prügelknabe, der für alle eigenen Fehler und Versäumnisse herhalten muß. Auf dem Hintergrund des trotzigen, faulen und aggressiven Jungen entwickelt die Schwester *edle* Verhaltensweisen. Sie hat ein sicheres Gespür dafür, was ankommt. Sie ist fleißig und schulisch ehrgeizig und wird Vaters Wünsche realisieren. Die Faulheit und schulische Trägheit des Bruders sind ihr ein ständiger Anreiz, Besseres zu leisten und Lob und Zuwendung einzuheimsen.

Sein Ehrgeiz

Ehrgeiz und Eifersucht sind in der Regel fest miteinander verknüpft. Der Ehrgeizige glaubt kämpfen und sich abstrampeln zu müssen, um den Konkurrenten, der ihm auf den Fersen sitzt, abschütteln zu können. Der Ehrgeizige kann viele Mittel und Wege benutzen, um die Verfolger abzuschütteln. Er kann *moralische* Überlegenheit einsetzen, das Mittel der *körperlichen* Überlegenheit, oder er kann seine *Intelligenz* als Mittel zum Zweck einsetzen. Die Konstellation der Familie spielt dabei eine Rolle. Wo errechnet sich der Eifersüchtige seine Chance? Wo *glaubt* er seine Überlegenheit ausspielen zu können?

Seine Faulheit

Viele Erzieher bringen Faulheit und Ehrgeiz nicht zusammen. Sie können es nicht verstehen, daß ein faules Kind ehrgeizig ist und hochfliegende Pläne hat. Faulheit ist aber in der Regel ein Symptom höchster Entmutigung und Resignation. Das Kind will ganz oben sein oder ganz unten. Es will die Spitze halten, zu den Besten gehören, oder es läßt total den Mut sinken. Albert war in der ersten Klasse gut. Die Lehrer lobten ihn, und das tat ihm wohl. Als er aber *mehr* leisten mußte, sich mehr anzustrengen hatte, ließen die Kräfte nach. Er konnte seine Vorrangstellung in der Klasse nicht halten und *gab auf.* Albert wurde nicht nur schlechter, er wurde ganz schlecht. Er rührte kein Buch mehr an. Ohnehin konnte er jetzt vor sich und anderen sagen: „Wenn ich *wollte,* könnte ich gut sein, das habe ich ja schließlich mal bewiesen. Aber ich will nicht. Ich bin *nur* faul, aber nicht dumm."

Bei Albert kommt hinzu, daß seine Schwester „das Rennen macht", wie die Mutter die Tochter beschrieben hat. Sie hat den Ältesten *überholt.* Albert fühlt sich geschlagen, überrundet und unterlegen. Säße ihm nicht der Ehrgeiz im Nacken, mit der Schwester konkurrieren zu *müssen,* könnte er ruhig und selbstbewußt seine Aufgabe erledigen, könnte *neidlos* mitansehen, wie seine Schwester gute Noten mit nach Hause bringt. Niemals würde er völlig absacken, niemals würde er scheitern, niemals sitzenbleiben. Die ersten Jahre auf der Grundschule haben ja bewiesen, daß er begabt genug ist, sein Pensum zu schaffen. Albert ist ein Beispiel dafür, daß älteste Kinder schulleistungsmäßig versagen können, wenn nachfolgende Geschwister Überdurchschnittliches leisten.

Seine Ordentlichkeit und Sauberkeit
Ein weiteres Mittel eifersüchtiger Überlegenheit ist Alberts Genauigkeit und Sauberkeit. Er ist nicht sauber um der Sauberkeit willen, sondern hier fühlt er sich der kleinen Schwester überlegen. Sie ist eine „Schlampe", und er macht sie schlecht. Kritiksucht ist ein beliebtes Mittel der Herabsetzung, um selbst um so höher zu steigen. Das häßliche Vergleichen ist aus dem eifersüchtigen Konkurrenzneid hervorgegangen. Er ist der Saubere, sie die Unsaubere, er der Ordentliche, sie die Unordentliche, er der Feine, sie die Schlampe.

Seine Überempfindlichkeit
Überempfindlichkeit ist ebenfalls eine der Ausdrucksmöglichkeiten für Eifersucht. Überempfindliche Menschen sind schwierig im Umgang. Sie finden überall ein Haar in der Suppe. Und warum? Sie *fühlen* sich zurückgesetzt, nicht genügend beachtet, in die Ecke geschoben, abserviert und nicht ernst genommen. Sie entwickeln geradezu eine Allergie gegen Menschen. M. und W. Beecher schreiben: „Sie betragen sich, als litten sie an einer Menschenallergie. Es ist keineswegs abwegig, sie als allergisch zu bezeichnen. Bei solchen Typen flackern physische Allergien auf und nehmen heftige Formen an ... Andererseits aber neigen die Opfer von Allergien stark zu Überempfindlichkeit."[5]

Seine Überempfindlichkeit äußert sich auch durch ständiges Vergleichen. Hat er auch die gleiche Menge Pudding auf seinem Teller?

Ist seine Apfelsine nicht kleiner als die seiner Schwester? Ist sein Zimmer nicht häßlicher, sein Anzug nicht billiger, sind seine Geschenke wertloser und sein Geschirr farbloser als das seiner Konkurrenten? Aber damit übt er eine offensichtliche Herrschaft über andere aus. Sie müssen sich Mühe geben, sich anstrengen, Rücksicht nehmen und die Augen aufhalten, um die Ansprüche des Überempfindlichen zufriedenzustellen.

Sein Mißtrauen
Albert hat *Angst vor Nähe*. Er weicht den Zuwendungen der Mutter aus. Diese Angst vor dem Du wird auch auf dem Spielplatz deutlich. Er ist ein Eigenbrötler und immer unzufrieden. Lieben und geliebt werden können bei ihm zu großen Lebensproblemen werden. Albert ist *mißtrauisch*. Er schätzt Menschen und Situationen falsch ein. Von daher kommen Mißtrauen, Pessimismus und Zweifel. Es ist eine Unterschätzung der eigenen Kräfte, eine Überschätzung der Forderungen anderer. Die *falsche* Meinung, die sich Albert gebildet hat, spätestens als sein Schwesterchen geboren wurde, hat sein Vertrauen zu den Eltern erschüttert. Er hat sich zu Mißtrauen und Distanz *entschlossen*. Welt und Menschen sind ungerecht. Man muß sich absichern und sich in acht nehmen. Vertrauen und Entgegenkommen zahlen sich nicht aus. Besser ist eine ständige Verteidigungshaltung. Mißtrauen steht auch mit der *Entwertungstendenz* in engem Zusammenhang. Der Mißtrauische muß ständig bei anderen Fehler entdecken, er überspielt damit seine Unsicherheit und das Gefühl der Minderwertigkeit. Albert versteht das meisterhaft. Er entwertet seine Schwester, macht sie schlecht und wertet seine Stellung damit auf.

Seine Herrschaft
Albert will – wenn er mit anderen Kindern spielt – herrschen und den Ton angeben. Gerade den Schizoiden, den Unabhängigen kennzeichnet Macht- und Geltungsstreben. Woher kommt das? Nähe löst Angst aus. Macht ist ein Mittel, um Unabhängigkeit und Distanz zu gewinnen. Macht ist die Möglichkeit, zu herrschen und die Nebenbuhler aus dem Sattel zu heben. Seine Herrschsucht und sein Überlegenheitsstreben werden schon durch die Schwester provoziert. Jemand sitzt ihm im Nacken. Er *meint*, der andere will ihm etwas nehmen, will seine Rechte beschneiden, will ihm den ersten Platz streitig machen. So *erfindet* er allerlei Tricks und Verhaltenstechniken, um den anderen klein zu halten, ihn zu entwerten und zu kritisieren.

Sein Gefühl, unerwünscht zu sein

Albert fühlt sich abgelehnt, und zwar von den Spielgefährten, von den Schulkameraden und „besonders vom Klassenlehrer". Seine frühen Erfahrungen lauten: „Meine Eltern haben mich nicht so lieb, sonst würden sie sich nicht noch ein Kind zulegen. Ich wurde zurückgesetzt, ich werde abgelehnt, ich bin unerwünscht." Und diese Ablehnung projiziert er nun in die Umwelt hinein. Die anderen mögen mich nicht. Die anderen haben mich nicht lieb. Wie ein roter Faden zieht sich durch das Leben solcher Menschen die Erfahrung, die sie sich nun fleißig Tag für Tag *schaffen:* Du bist unerwünscht.

Seine Aggressivität

Aggressivität ist selbstverständlich kein angeborenes Verhalten und sollte vom Hintergrund einer sogenannten Aggressionstriebhypothese her nicht interpretiert werden. Albert hat eine „Neigung zur Grausamkeit". Ist Albert das Opfer eines schlechten Erbes? Ist Grausamkeit eine angeborene, sadistische Komponente? Ist es vielleicht ein verstecktes Familienübel? Davon kann keine Rede sein. Den Eltern ist es unverständlich. Sie haben ihren Stammbaum längst durchforscht und nichts gefunden. Diese Grausamkeit ist Haß. Und Haß ist das Gefühl, verneint und abgelehnt zu werden. Ein Schuß Verzweiflung schwingt mit. Haß ist nur zwischenmenschlich zu verstehen. Albert nimmt Anstoß an seinen Eltern, an der Schwester, an dem Lehrer. Er rächt sich. Albert klagt Gott und die Welt an. Albert wurde einige Jahre verwöhnt und bekam alles, was das Herz begehrte – bis er entthront wurde. Hier werden Haß und Grausamkeit geboren. Josef Rattner hat die Zielgerichtetheit der Aggressivität treffend geschildert:

„Darum kann man Projektionen eine ‚systematische Unehrlichkeit gegen sich selbst nennen', ein Beispiel hierfür ist der aggressive Mensch. Fragt man ihn, warum er andere Menschen so kränkt, beleidigt, attackiert, beschimpft usw., so wird er erwidern, daß er sich ja nur wehren müsse. Die anderen seien so grob und gemein. Meistens wird er viele Beispiele vorbringen können, die den Zuhörer fadenscheinig anmuten, aber der Projektionstyp ‚glaubt daran'. In den USA wurde ein sehr interessantes Experiment gemacht: Man ließ einige sehr aggressive Menschen mit sehr toleranten Persönlichkeiten diskutieren. Die Gespräche wurden auf Tonband aufgenommen. Danach fragte man die Toleranten, wie die anderen gewesen seien. Die Antwort war: recht aggressiv. Als man jedoch die Aggressiven fragte, wie die Gesprächspartner gewesen seien, hieß es: schrecklich aggressiv. Das Tonband zeigte jedoch, daß die Toleranten kein böses Wort, keinen gehässigen Ton geäußert hatten. Die Folgerung aus diesem Experiment ist: Jeder aggressive Mensch projiziert dauernd seine feindseligen Gefühle in die Mitmenschen und meint dann, sich gegen sie zur Wehr setzen zu müssen. Der Nutzen der Projektion ist die Selbstidealisierung und die Selbsterhöhung. Wenn alle Lumpen böswillige Charaktere sind, bin *ich* doch einigermaßen anständig, weil ich ja ‚nur‘ mein gutes Recht verteidige.“[6]

Hilfen für die Praxis

- Eifersucht und Rivalität sind oft das Ergebnis *unbewußter* Vorliebe für ein Kind. Mütter *glauben*, es besser mit Mädchen oder Jungen zu können. Die Mutter des Albert liefert uns ein Beispiel für ihre eigenen Schwierigkeiten, mit Jungen umzugehen. Sie hält sie für frech und unausstehlich. Sie selbst hat negative Erfahrungen mit ihren eigenen Brüdern gemacht. Sie *glaubt*, mit Albert würden sich die Schwierigkeiten wiederholen. Sie projiziert in den Sohn ihre Befürchtungen hinein. Die Mutter muß lernen, daß sie mit ihren Befürchtungen bestätigte Erwartungen schafft.
- Beide Eltern dürfen auf keinen Fall das liebe Verhalten der Tochter Elvira herausstellen, denn die Tochter *benutzt* offensichtlich Anpassung, Liebenswürdigkeit und Gefallsucht, um alle Wünsche auf ihre Weise erfüllt zu bekommen. Die Tochter lebt genau die Mutterrolle aus ihrer Kindheit. Beide Brüder der Mutter waren aggressiv und Rauhbeine. Sie selbst verhielt sich artig, lieb, angepaßt, hilfsbereit – das genaue Gegenteil des Bruders. Tochter Elvira hat mit sicherem Griff die Verhaltensweise ausgewählt, die den Vorstellungen der Mutter am stärksten entspricht. Je mehr sich die Eltern – besonders die Mutter – klarmachen, daß Elviras Verhalten dem Ziel der persönlichen Überlegenheit dient, desto mehr werden die Eltern von ihrer einseitig positiven Einschätzung abrücken, desto weniger wird Elvira mit solchen Methoden Pluspunkte bei den Eltern zu sammeln versuchen. Die Gegensätze zwischen den Geschwistern entspannen sich. Denn je *zielbewußter* Elvira den Eltern gefallen will, desto heftiger wird Albert das Gegenteil tun.
- Albert braucht Ermutigung und nochmals Ermutigung. Kritik der Eltern, besonders des Vaters, gibt er auf andere Weise an seine Schwester weiter. Auch Albert hat sich auf Methoden spezialisiert, die ihm helfen, andere zu demütigen und herunterzumachen. Albert muß leibhaftig erfahren, daß er so, wie er ist, *gut*

genug ist. Nicht erst wenn er zu den Besten in der Klasse gehört, wenn er Spitzenleistungen vollbringt und eines Tages sein Abitur mit Noten bestreitet, die dem Numerus clausus in der Universität trotzen. Die Reaktionen des Vaters sind Folgen seiner hohen Erwartungen, und genau an der Stelle hat der Sohn ihn in der Hand. Er trifft ihn an empfindlicher Stelle. Seine Faulheit zahlt sich aus. Die Rache kostet zwar viel Selbstpein, aber der Vater leidet, und das ist für Albert die Hauptsache.

– Albert muß erfahren, daß er seine Gefühle, abgelehnt zu werden, in die Umwelt hineinprojiziert hat. Weil er von der Ablehnung der anderen überzeugt ist, verhält er sich entsprechend ablehnend. Jede Geste des Entgegenkommens muß er für eine Fehlinvestition halten. Jegliches Vertrauen, das er anderen Kindern und Erwachsenen entgegenbringt, kann nach seiner Meinung nur mit Enttäuschung belohnt werden. Eltern und Lehrer sollten die kleinsten Beweise von Mut an die Umwelt verstärken, sein Auf-die-anderen-Zugehen honorieren, damit Albert positive Alternativerfahrungen *macht*. Das Lernen am Erfolg wird seinen Lebensstil ändern.

– Für den Abbau der potentiellen Eifersucht ältester Kinder sollten Eltern einige Regeln beachten:
Erstgeborene entwickeln oft *aktive* und *passive* Proteste, bis hin zu „Mordversuchen" an den jüngeren Geschwistern. In der Beratung berichten darüber die Eltern,

– daß der Älteste hergeht und der jüngeren Schwester alle Wimpern abschneidet; mit der Schere die langen Haare entfernt,

– „zufällig" seine Geschwister mit heißem Wasser verbrüht,

– „zufällig" den Kinderwagen umstürzt, der sicher und fest im Zimmer stand,

– völlig unachtsam mit seinem Geschwister umgeht, wenn sie zusammen auf dem Spielplatz sind.

Pädagogische Hilfen für Eltern und Erzieher

Ankündigung des neuen Geschwisters
Die plötzliche Überraschung, mit einem neuen Geschwisterchen konfrontiert zu werden, kann für viele Erstgeborene eine bittere Enttäuschung sein. Sie fühlen sich verraten und abgehängt. Sie können mit vielen Symptomen reagieren.

Auf Nachteile aufmerksam machen
Genauso wichtig wie die Vorbereitung auf die Ankunft eines neuen Geschwisters ist die Mitteilung, daß es Nachteile zu erwarten hat. Mutter wird sich jetzt vermehrt um das hilflose, kleine Baby kümmern müssen. Viele Eltern möchten ihren Kindern die schmerzliche Erfahrung der Benachteiligung ersparen und schweigen. Schweigen löst aber keine Probleme.

Das älteste Kind mithelfen lassen
Die Pflege des Geschwisterchens nimmt viel Zeit und Kraft der Mutter in Anspruch. Das älteste Kind fühlt sich leicht ausgestoßen und abgeschrieben. Die Eifersucht wird verstärkt. Gezielte Mithilfe kann negative Gefühle vermindern. Gezielte Mithilfe erzieht zum positiven Gemeinschaftsgefühl und zur Mitverantwortung.

Kein Gefühl der Entzückung äußern vor dem Neugeborenen
Viele Eltern sind mit Recht stolz auf das Neugeborene. Das älteste Kind kennt solche Gefühle nicht. Es fühlt sich entthront, benachteiligt und aus dem Mittelpunkt des Interesses verdrängt. Äußern jetzt Eltern und Verwandte über der Wiege des Neugeborenen sentimentale Gefühle des Entzückens, kann das Erstgeborene traumatisiert, seelisch verwundet werden. Ihm wird unbewußt ein schmerzliches Gefühl der Minderwertigkeit vermittelt.

Eifersucht oder Kains Brudermord

Auf den ersten Blättern der Bibel wird uns die tödlich verlaufende Geschichte einer dramatischen Eifersucht geschildert. Die Erzählung beinhaltet die wichtigsten Aspekte der gefährlichen Eifersucht. Die heile Welt der Schöpfung ist vergessen. Der Cherub mit dem flammenden Schwert steht vor dem Garten Eden. Und „jenseits von Eden" beginnen sich Rivalität, Konkurrenzstreben und Eifersucht breit zu machen. Sie bestimmen fortan die Weltgeschichte. Menschen kämpfen um Leben und Tod miteinander, sie kämpfen um einen Platz an der Sonne.

Der Stärkere triumphiert über den Schwächeren.

Und das Motiv?

Die Eifersucht, das „grünäugige Ungeheuer", wie es Shakespeare genannt hat, führt Kains Axt und beflügelt die Menschen, Dynamit, Phosphor, Raketen und Wasserstoffbomben zu erfinden, um die Konkurrenten auszuschalten. Hellsichtig haben die Autoren der biblischen Bücher, ohne Kenntnis moderner Psychologie, die destruktive Macht der Eifersucht beschrieben. Die Geschichte von Kain und Abel ist ein Modellfall für die Leidenschaft, mit der Eifersucht Leiden schafft.

Das verzogene Kind

Zwischen den Zeilen wird deutlich, wie die Eifersuchtslawine in Gang gesetzt wird. Eifersucht wird nicht vererbt. Eifersucht ist das Produkt zwischenmenschlichen Verhaltens.

„Adam erkannte sein Weib Eva, und sie ward schwanger und gebar den Kain und sprach: Ich habe einen Mann gewonnen mit dem Herrn. Und sie fuhr fort und gebar Abel, seinen Bruder. Und Abel ward ein Schäfer. Kain aber war ein Ackermann."[1]

Mit der Geburt Kains nimmt das Dilemma seinen Lauf. Mutter Eva ist stolz auf den Sohn. Er soll die Würde des Erstgeborenen tragen. Er soll der Inbegriff von Macht und Stärke sein. Unverhohlen gibt Eva ihren Stolz kund: „Ich habe einen Mann erworben." Söhne stehen hoch im Kurs. Eva schaut in das winzige Knäblein ihre Wünsche hinein. Ein Mann! Unsere Wünsche und Vorstellungen sind Wegbereiter unseres Handelns. Unsere Wünsche kennzeichnen unseren Lebensstil. Sie deuten unsere Bewegungsrichtungen. Johannes Neumann schreibt darüber:

„Was der Mensch sich *wünscht,* das ist im großen wie im kleinen seine Welt. Wie er sie möchte. Ob das nun der konkrete Wunsch des Kleinkindes ist, das sich die Erdbeeren wünscht, wie Freud es beobachtet hat, ob das der Konflikt des Erwachsenen ist. Der Wunsch ist eine finale Perspektive... Der Wunsch ist *eine* Form des Existenzialentwurfes... Der Wunsch ist eine fiktive Form des Handelns und heißt: So würde ich handeln, wenn ich die Allmacht über das Leben hätte, *so* möchte ich die Welt im großen und kleinen umgestalten. *Vor* dem möglichen Handeln, vor dem *Aus*druck steht der *Ein*druck."[2]

Eva deutet in der Namensgebung des Erstgeborenen ihre Wunschvorstellungen an. Er soll herrschen. Sie wird sich entsprechend verhalten. Ihr Vorurteil hat ihren Erziehungsstil geprägt. Ihre Vorstellungen werden das Familienklima beeinflussen.

Und dann wird Abel geboren. Abel steht von vornherein im Schatten seines älteren Bruders. Ihm wird der Name „Nichtigkeit" oder „Hinfälligkeit" gegeben. Schon der Name drückt seine Deklassierung aus. Er ist ein Nichts, ein Niemand, und er soll ein Niemand bleiben. Mit der Ungleichheit der Rollen zu Beginn des Lebens wird der Same für das Unkraut Eifersucht gesät. Abel ist abgestempelt. Mit der Geburt ist er fürs 2. Glied vorgesehen. Ein schwerwiegender Erziehungsfehler wird sich bitter rächen. Das *vorgezogene* Kind, das verwöhnte Kind geht über Leichen, und zwar buchstäblich. Alfred Adler hat wie kein anderer Psychologe die Folgen der Verwöhnung und Bevorzugung beschrieben. Bevorzugung reizt zur Sonderstellung. Der Mensch fühlt sich aus der Masse herausgehoben. Der Bevorzugte will auch der Bevorzugte bleiben, sein Überlegenheitsgefühl fördert seine asoziale Gesinnung. In der Geschichte von Esau und Jakob wiederholt sich in schöner Regelmäßigkeit ein menschliches Drama. Die Bibel drückt schlicht und schmucklos den Sachverhalt aus:

„Als nun die Zeit ihrer Niederkunft da war, stellte es sich wirklich heraus, daß Zwillinge in ihrem Leibe waren. Der erste, der zum Vorschein kam, war rotbraun, rauh am ganzen Leibe wie ein haariger Mantel; darum nannte man ihn Esau (das heißt behaart, der Rauhe). Hierauf kam sein Bruder zum Vorschein, der mit seiner Hand die

Ferse Esaus gefaßt hielt; darum nannte man ihn Jakob (das heißt Fersenhalter). Isaak hatte den Esau lieber, weil er gern Wildbret aß; Rebecca aber hatte Jakob lieber."[3]

Der Vater liebt den tüchtigen Jäger Esau mehr als den weichen Jakob, der am liebsten an Mutters Schürzenzipfel hing. Und die Mutter zieht den Jüngsten vor. Wieder sind die Geleise für Eifersucht, Rivalität und Konkurrenzstreben gestellt. Der Familienkrieg kann beginnen. Zwei Parteien kämpfen um die Vorrangstellung. Der Schnitt geht quer durch die Familie. Hier geht die Intrige von der Mutter aus, die zu Jakob hält und den jüngeren Zwillingssohn aufhetzt. Eifersucht inspiriert zu gemeinen Plänen und scheußlichen Taktiken. Der eigene Ehemann wird betrogen und belogen, der Eifersucht ist jedes Mittel recht, um sich an die erste Stelle zu setzen. Mit List und Tücke erschleicht sich Jakob den Erstgeburtssegen. Diese erste Runde geht siegreich an Jakob. Als Esau nach Hause kommt, wird der Betrug offenbar. Der Betrogene schwört Rache, und schon wieder werden Mordgedanken geboren: „So wurde denn Esau dem Jakob feind wegen des Segens, den sein Vater ihm erteilt hatte, und Esau dachte bei sich: ‚Bald werden die Tage der Trauer um meinen Vater kommen, dann will ich meinen Bruder Jakob totschlagen.'"[4]

Eine ungerechte Erziehung provoziert Ungerechtigkeit. Ungerechtigkeit der Eltern ist der Nährboden der Eifersucht. Kain und Abel, Esau und Jakob, die uns auf den ersten Blättern der Bibel vor Augen gestellt werden, sind ein mahnendes Beispiel für Neid und Eifersucht, die sich schnell in Mordgelüste verwandeln.

Kain ist nicht einem Aggressionstrieb zum Opfer gefallen. Er wurde nicht von einer bösen Lust überfallen und handelte mehr oder weniger ohne Verantwortung. Eifersucht ist kein Schicksal, das uns eifersüchtige Eltern und Großeltern in die Wiege gelegt haben. Eifersucht ist das Produkt irriger Ziele und irrealer zwischenmenschlicher Verhaltensweisen. Auch der Theologe Thielicke sieht in der Mutter einen Auslöser für das mörderische Vorhaben Kains, wenn er schreibt:

„Hat die Mutter Eva recht getan, daß sie durch Vorziehen und Benachteiligen dieses Schicksal der Ungleichheit den beiden schon in die Wiege legte? Nun, Eva handelte jetzt außerhalb des Paradieses; sie ist die Urmutter der Weltgeschichte – da geht es eben so zu. So steht Kain von Anfang an unter der Suggestion, daß ihm in allem das erste Recht gebühre. Der Wille zur Macht und die egoistische Selbstbehauptung, die ihm und auch uns im Blute liegen, erscheinen ihm legitim."[5]

Der Star mit Staralluren

Kain ist der Star, der Privilegierte. Die anderen sind für ihn Statisten. Das Gefühl für seine Vorrangstellung hat sich tief in seinen Lebensstil eingegraben.

Selbst im Gottesdienst erwartet Kain von Gott Sonderrechte. Er erwartet, daß sich auch Gott für ihn bekennt und seine Rolle als Stärkeren unterstreicht. Uns mag das übertrieben erscheinen. Aber Kain hatte es so erfahren. Sein Name, seine Stellung, seine Bevorzugung haben sein Vorurteil beeinflußt. Als Erwachsener wiederholt er die Erfahrungen seiner Kindheit: „Alles tanzt nach meiner Flöte." Helmut Thielicke hat den Kain in seiner Starrolle treffend charakterisiert:

„Denn Gott wird für Kain unter der Hand eine Art Himmelsfunktionär, der genau das auszuführen hat, was Kain in seinen Wünschen erträumt ... nach Kains Erwartungen hatte es so sein müssen, daß sein Opferrauch wie ein erhabener Pilz zum Himmel steigt. Das gilt natürlich als moralisches Zeichen dafür, daß Gott eine fromme Gabe mit Dank entgegennimmt. Bei Abel hätte es, so meinte wohl Kain, gemäß seinem nachgeordneten Rang, nur ein dünnes, verwehendes Rauchschwänzchen geben dürfen."[6]

Gott macht dem Kain aber einen Strich durch die Rechnung. Der Verwöhnte, Herausgehobene und von sich überzeugte Kain erlebt ein Fiasko. Seine Erwartungen erfüllen sich nicht. Seine Selbsteinschätzung erfährt einen schweren Schlag. Kain hat es nicht gelernt, Niederlagen einzustecken. Er hat es nicht trainieren müssen, zurückzustecken, nachzugeben, zu teilen und mal benachteiligt zu sein. Er reagiert wie ein kleines Kind, das seinen Willen nicht bekommt. Unüberhörbar wird die Tyrannei des Verwöhnten und Bevorzugten deutlich. Er hat immer seinen Willen bekommen und kann es nicht ertragen, übersehen zu werden.

„Die Eifersucht ist in allen Lebenskonflikten ein so bedeutender und verbreiteter Faktor, daß sie mit allergrößter Aufmerksamkeit behandelt werden muß. Wir sind der Ansicht, daß sie das vorherrschende Symptom einer Krankheit ist, die wir als ‚hartnäckige Infantilität' bezeichnen ... Der Name ‚hartnäckige Infantilität' bedeutet genau das, was er aussagt: fortgesetztes Handeln in infantiler und kindischer Art ... Die Symptome der hartnäckigen Infantilität liegen unserer Ansicht nach klar auf der Hand: Passivität, Aggressivität, Magenfunktionsstörungen, Kopfschmerzen ohne organische Basis, Lispeln, Stottern, Gesichtsverzerrungen, negativer Gehorsam, Pflichtvergessenheit, Süchtigkeit und Eifersucht auf andere."[7]

Kain ist von seiner Sonderrolle so überzeugt, daß seine Infrage-
stellung durch Gott die schlimmsten Reaktionen vermuten läßt.

Sich vergleichen gibt Ärger

Dieses wahre Sprichwort trifft auch für Kain und Abel zu. Wer sich
vergleicht, wertet auf und ab. Er begründet die Rivalität und die
Konkurrenzsucht.

„Ackerbau ist wichtiger als Viehzucht."
„Landwirte sind notwendiger als Viehzüchter."
„Mein Vater ist bedeutender als deiner."
„Meine Schrift ist sauberer als die meines Bruders."
„Meine Arbeit ist nützlicher als deine."
„Mein Auto ist stärker als alle Autos in unserem Bezirk."

Auch Eltern können die Vergleiche-Krankheit ihrer Kinder un-
terstützen. Sie vergleichen betont und versteckt die besseren Noten
der Klassenkameraden mit denen ihrer Sprößlinge. Vorzüge und
Charakterarten der Spielkameraden, der Geschwister und der Mit-
schüler werden neidisch herausgestrichen.

Das Kind kommt nach Hause und hat eine Arbeit zurückbekom-
men.

Es sagt:

„Ich habe eine Zwei."

Die Mutter strahlt, landet aber gleich eine eifersüchtige Frage:
„Was hat denn der Peter, der ist doch der Beste in der Klasse?"
„Und was hat die Angelika, die neben dir sitzt?"

Das eifersüchtige Vergleichen produziert neue Eifersucht. Ist das
Kind gut, freuen sich nicht Eltern und Kinder über die sachliche
Leistung, sondern daß es andere überrundet hat, daß es besser als
der Durchschnitt ist. Ist das Kind in den Leistungen schlecht, blik-
ken alle fasziniert und hypnotisiert, neidisch und selbstquälerisch
auf die guten Leistungen der anderen. Eifersucht, Neid und Mißgunst sind das Gegenteil von *Reife*. Der reife Mensch ist frei von
Habgier und eifersüchtigen Wünschen. Der *Unreife* vergleicht sich
ständig mit seinen Mitmenschen. Mitmenschen sind Feinde und eine
ständige Bedrohung. Sie könnten ja mehr haben, mehr sein und mehr
bekommen. Der Mitmensch wird durch Vergleichen zum Nebenbuhler, zum Konkurrenten und Gegenspieler.

Wer Vergleiche anstellt, lebt nicht mehr im inneren Frieden. Er
wird abhängig von den anderen. Sein Blick ist ständig über den Zaun
des anderen gerichtet. Die Kraft zu unabhängiger Bewegung, zu

eigener Entscheidung, zu unabhängigem Denken und Fühlen ist abhanden gekommen. Der Mensch gerät in die Klauen des Neides. Die amerikanischen Individualpsychologen Marguerite und Willard Beecher haben die Verhaltensweise eines eifersüchtigen Menschen mit einem kriegführenden Volk verglichen. Der eifersüchtige Vergleich zwingt zu reaktivem Verhalten.

„Die hoffnungslose Lage des eifersüchtigen Menschen läßt sich auch mit der eines kriegführenden Landes vergleichen ... Ein Land, das Krieg führt, gleicht dagegen einem in eifersüchtiger Konkurrenz befangenen Menschen, denn seine ganze Arbeitskraft und Arbeitskapazität werden sofort von der Produktion der Friedenszeit abgezogen und zur Herstellung von Waffen eingesetzt. Kultur, Kunst und Vergnügungen werden zugunsten des Kriegführens unterdrückt. Mißtrauen und Angst treten an die Stelle von Vertrauen. Die ganze schöpferische Energie und alle schöpferischen Gedanken müssen sich auf Angriffe gegen den Feind konzentrieren."[8]

Wer seine Stellung bedroht sieht, muß aufrüsten. Wer vergleicht, schürt den Krieg. Die knappe Schilderung des Brudermörders ist ein überzeugendes Dokument für die Entstehung von Kriegen, Rassenhaß, Völkermord, von Menschenvernichtung und Ausrottung. Wer den eifersüchtigen Vergleich als ein albernes Spiel unfairer Erwachsener charakterisiert, verharmlost die Eifersucht. Im eifersüchtigen Vergleich liegen Mord und Totschlag auf der Lauer.

Soll ich der Hüter meines Bruders sein?

Der Mord ist geschehen. Ein Nebenbuhler ist aus dem Feld geräumt. Gott ist sofort nach der Tat zur Stelle und sagt dem Mörder:

„Wo ist dein Bruder?"

Kain besitzt die Frechheit, Gott mit einem Wortspiel zu brüskieren:

„Soll ich den Hirten hüten?"

Eifersucht tötet – auch das Gemeinschaftsgefühl, auch die Nächstenliebe und die Verantwortung für den Menschen. Die Neigung zu Kooperation wird vom ersten Tag an herausgefordert. An der Schwelle des Gemeinschaftsgefühls steht die Mutter. Es ist die Aufgabe der Mutter, im Sozialisationsprozeß dafür zu sorgen, daß das Kind zum Mitspieler, zum Mitmenschen heranreift, das gern hilft und sich helfen läßt.

„Bei verzärtelten Kindern ist der Grad des Gemeinschaftsgefühls oder ihr Interesse am anderen trotz einer gelegentlichen dünnen

Tünche so gering, daß das sogar der zufällige Beobachter merkt. Das ganze Verhalten drückt entweder offen oder versteckt die überraschte, ja ungehaltene Frage aus: ‚Warum soll ich meinen Nächsten lieben?' Für jedes dieser Kinder kommt die Zeit, da selbst die liebevollste Mutter alle seine Wünsche nicht mehr erfüllen kann. Dann kommt es zur offenen Revolte dieses jungen Despoten, die zu verschiedenen Formen der Tyrannei gegenüber Schwächeren führt."[9]

Bevorzugung und Verzärtelung lassen das Kind einen ich-zentrierten, nicht kooperativen Lebensstil wählen. Kain ist selbst der Schöpfer seiner Lebenseinstellung. Die Verwöhnung durch die Mutter ist lediglich ein Reiz, auf den der Sohn in schöpferischer Weise antwortet. Der verwöhnte Mensch, der seinen Willen rücksichtslos durchsetzt, der sich wie ein Tyrann aufführt, lebt am Nächsten vorbei. Er ist an sich und nicht an seinem Bruder orientiert. Kains Gottlosigkeit hat ihn auch menschen-los gemacht. Gleichzeitig ist Kain durch den Eifersuchtsmord heimat-los geworden. Die Gemeinschaft hat ihn ausgestoßen. Er fühlt sich wie ein Aussätziger. Unstet und flüchtig jagt er durch die Welt. Eifersucht zerstört die Gemeinschaft. Eifersucht zerreißt das zwischenmenschliche Band.

Die tötende Gesinnung

Am 1. April 1961 gutachtete Leopold Szondi über eine ihm unbekannte Testperson. Daten und Familienzusammenhänge waren ihm übermittelt worden. Sein Urteil lautete:

„Ein Mann wie Kain – ein Verbrecher mit einer unstillbar tötenden Gesinnung."[10]

Ein Jahr später erfuhr Szondi den Namen: Es handelte sich um Adolf Eichmann.

Die „tötende Gesinnung" versucht der Psychiater und Tiefenpsychologe seit Jahrzehnten in Familienstammbäumen, Krankengeschichten und Kriminalakten aufzudecken. Er spricht von:

„kainitischem Urtrieb",

„Brudermord",

„neurotischen oder getarnten Kain-Erben",

„Schreibtisch-Kains",

„tötender Gesinnung",

„dominantem Kain-Trieb".

Szondi geht davon aus, daß jeder Mensch zunächst dem Schicksal seiner ererbten Triebe und Affekte unterliegt. Er kann mit den Anlagen zum Kain oder mit der Anlage zum Abel geboren werden.

Eifersucht als tötende Gesinnung will der ungarische Psychiater, der jetzt in Zürich als Psychotherapeut lebt, bei einem Teil der Menschheit festgestellt haben. Seine Theorie besagt, daß das Erbgut eines Menschen im Denken, Fühlen und Wollen programmiert ist. Seine „Schicksalsanalyse" besagt, daß das Schicksal des einzelnen durch eine vererbte Triebbeschaffenheit programmiert sein soll. Szondi ist bestrebt, diesen programmierten Lebensweg der Menschen durch biologische und experimental-psychologische Methoden sichtbar zu machen. Im Mittelpunkt seiner Untersuchung steht nicht die *Blutsverwandtschaft*, sondern die *Gen-Verwandtschaft*. In entscheidenden Phasen unseres Lebens, zum Beispiel bei der Todeswahl, werden von latenten Genen die Weichen gestellt. Szondi spricht von Triebkräften, die in uns wählen, von Ahnen, die in den Genen ihren Einfluß geltend machen. „Die Ahnen wählen in uns und für uns." Kain und Abel betrachtet Szondi nicht als mythische oder historische Figuren, sondern als Symbole für menschliche Schicksale, die ein jeder von uns unter Umständen zu tragen gezwungen werden könnte. Schon in den dreißiger Jahren hatte Szondi seine „schicksalspsychologische" Grundthese entwickelt: Jede menschliche Triebkonstellation ist erblich bedingt. Jeder Mensch unterliegt zunächst dem Schicksal seiner vererbten Triebe und Affekte. Er kann mit den Anlagen zum Kain oder mit den Anlagen zum Abel geboren werden. Aus seinen über sechstausend Testserien leitet Szondi nun in seinem Buch die Behauptung ab, daß rund 6 % der Menschheit mit der tötenden Gesinnung des echten Kainiten belastet sind und 14 % als „neurotische oder getarnte Kain-Erben unter uns leben". Im Brudermord offenbaren sich für Szondi Symbole, „jene gewaltigen Triebstrebungen", die seit eh und je für Streit, mörderische Eifersucht, für Mord und Kriege verantwortlich sind.

Szondi geht davon aus, daß viele Kainiten zunächst unerkannt bleiben, weil sie ihre eifersüchtigen Affekte stauen. Sie erscheinen der Mitwelt zunächst als unauffällig, höflich, harmlos und als „stille Wasser". Er geht davon aus, daß sich diese Eifersuchtsgesinnung als „kainitische Schicksalsform" auch im klinischen Symptom äußern kann. So sind Anfallskrankheiten, wie Epilepsie, Asthma, Migräne, Stottern, Pyromanie, Allergien (Heuschnupfen), Perversionen, Religionsekstase und ein unsteter Wandertrieb, Symptome dieses kainitischen Urtriebs.

Aus der klinischen Diagnose und Beobachtung solcher Kranker oder Krimineller hat Szondi Kriterien für eine „schicksalsanalytische Therapie" gegen die tötende Eifersuchtsgesinnung entwickelt. In jedem Kain steckt auch ein Stück Abel. Gut und Böse sind für Szondi nicht sich gegenseitig ausschließende Widersprüche, sondern sich „ergänzende, komplementäre Gegensätzlichkeiten". Sie sind gleichsam zwei Seiten einer Medaille. Der tötenden Gesinnung der Kainiten entspricht als Komplement die „gerechtsame Gesinnung" der Abeliten. Gelänge es dem Psychotherapeuten, den dominanten Kain-Trieb „umzudrehen", käme die gerechtsame Gesinnung zur Herrschaft. Szondi steht dieser Aufgabe selbst skeptisch gegenüber. Er hält die „Umdrehung" der Gesinnung für eine „fast übermenschliche Aufgabe".

An dieser Stelle setzt die Kritik an Szondis *schicksalsanalytischer Therapie* ein, die der Wahlfreiheit wenig Spielraum läßt. Das *Zwangsschicksal* dominiert, das menschliche Ich besitzt nur eine gewisse Kraft, sich aktiv den Erbansprüchen entgegenzustellen. Ob der Mensch als Triebwesen, als eifersüchtiger kainitischer Brudermörder, fungiert oder als Sozialwesen, hängt nach Szondi von der regulierenden Kraft des Ichs ab. Es bewegt sich ständig zwischen Unbewußtem und Bewußtem, zwischen Allmacht und Ohnmacht, zwischen Herrschaft des Geistes und Herrschaft der eifersüchtigen Affekte hin und her. Gelingt es dem Therapeuten, „höhere Instanzen" im Patienten zu mobilisieren – Geist, Vernunft und Glaube –, kann der kriminelle Kainit geändert werden. Szondi ist in seinem Denken weitgehend Sigmund Freud verpflichtet, der genauso skeptisch der biologisch determinierten Eifersuchtsgesinnung gegenüberstand.

Tatmotiv: Eifersucht

Unter dieser Überschrift veröffentlichte die Rundfunk- und Fernsehzeitschrift „Hör Zu" 1975 eine Serie des prominenten deutschen Strafverteidigers Rolf Bossi. Bossi griff brisante Fälle auf, die er verteidigt hatte, in denen Eifersucht als Mordmotiv eine Hauptrolle spielte. Da schildert er beispielsweise den Fall des Edgar Schmidtbauer, eines schlichten Verwaltungsangestellten, der mit seiner rasanten Eifersucht nicht fertig wurde und seine Ex-Geliebte, Gisela Rohn, an einem Faschingsdienstag 1973 im Rathaus aus 50–60 cm Entfernung in den Hinterkopf schoß und tötete. Die Staatsanwaltschaft entwickelte eine lückenlose Anklage wegen Mordes. Sie bescheinigte dem eifersüchtigen Mörder „volle strafrechtliche Verantwortung", nachdem ein psychiatrisches Gutachten eingeholt worden war. Bossi war nicht einverstanden und schreibt:

„Ich war ja inzwischen davon überzeugt, daß kein einziger Prozeß gegen einen Eifersuchtstäter mehr ohne ein psychologisches Gutachten vonstatten gehen dürfte, und ich hatte in gelindem Entsetzen gelesen, mit welcher Entschiedenheit Professor Rauh es abgelehnt hatte, Edgar Schmidtbauer aus psychiatrischer Sicht den schuldmindernden Paragraphen 51/2 zuzubilligen."

Schizophren war Schmidtbauer nicht. Manisch-depressiv und epileptisch auch nicht. Bossi gelang es, einen psychologischen Gutachter aus Bonn, Professor Dr. Thomae, zu gewinnen. Der Prozeß nahm eine dramatische Wendung, nachdem Professor Thomae sein Urteil abgegeben hatte. Er sagte im Gerichtssaal aus: „Im Gegensatz zu Professor Rauh ist meiner Meinung nach der Angeklagte nicht gemütskalt, sondern eher bindungsbereit und von der Zuwendung anderer Personen abhängig... Drei Hauptmotive führten dazu: das Gefühl der Hiflosigkeit und des Alleinseins, die Furcht vor dem nun endgültigen Verlust der Geliebten Gisela und der immer wiederkehrende Gedanke an die Abtreibung (seine Ex-Geliebte hatte ein Kind von ihm abtreiben lassen), ‚eine ganz auffällige Form der Erlebnisverarbeitung'... Die Fähigkeit des Angeklagten, entsprechend der

55

Einsicht in das Tötungsverbot zu handeln, war nicht aufgehoben, aber erheblich eingeschränkt. Ich empfehle die Anwendung des Paragraphen 51 Abs. 2 StGB."

Edgar Schmidtbauer wurde wegen Mordes, begangen im Zustand *verminderter Zurechnungsfähigkeit*, zu einer Freiheitsstrafe von zwölf Jahren verurteilt.

Die unterschiedliche Einschätzung der Eifersucht wird hier offensichtlich. Gutachter verschiedenster Fachrichtungen geben völlig unterschiedliche Urteile ab. Die einen sind der Meinung, daß keine Bewußtseinsstörung vorliegt, daß es sich in der Regel um keine Geisteskrankheit handelt und die volle Verantwortung des Täters in Rechnung gestellt werden muß. Andere Fachleute glauben, daß es sich um „seelische Ausnahmezustände" handelt, wenn Eifersüchtige irrational handeln und es zu Kurzschlußreaktionen kommt, die den Tod eines geliebten Menschen zur Folge haben.

Überschwengliche Leidenschaft – die romantische Liebe

Der Weg zum Eifersuchtsmord ist sehr oft mit romantischen und unwirklichen Erwartungen gepflastert. Romantische Liebe hat mit reifer Liebe wenig gemein. Romantische Liebe ist mit verzehrendem Ehrgeiz vergleichbar. Ehrgeiz ist aber eine Zwillingsschwester der Eifersucht. Und diese Sucht *verzehrt*. Sie vergöttert den Partner, hebt ihn über sich empor und verbindet sich distanzlos mit ihm. Die romantische Liebe will sich mit dem anderen verschmelzen, eins werden für Zeit und Ewigkeit.

Rolf Bossi hat etwas davon geahnt, als er den eifersüchtigen Mörder Edgar Schmidtbauer sagen läßt: „Das Blut deines Kindes schreit zum Himmel nach Rache."

Das *gemeinsame* Kind, das die Verbindung zwischen Edgar und Gisela verewigen, das die Verschmelzung der beiden Partner perfekt machen sollte, wurde von ihr abgetrieben. Schmidtbauer, der Eifersuchtsmörder, schreibt der Ex-Geliebten:

„Du hast dein Kind ermordet, ganz heimlich und still, ich frage dich, seine Mutter, warum? Anstatt mich zu lieben, hast du mich verraten!"

Jetzt ist es heraus. Wer den anderen vergöttert, wer sich im Grunde nur selbst liebt im anderen, muß sich verraten fühlen. Der romantisch Liebende stellt den anderen unter die Bedingungen seines Ideals. Er bewundert und idealisiert ihn. Der bewunderte Mensch wird eins mit dem eigenen Selbst. Die Harmonie wird so lebhaft empfunden, daß romantisch Liebende behaupten, sie seien nicht mehr zwei, sondern zu einer Person verschmolzen. Ist dieses Gaukelspiel vorbei, kommt die bittere Enttäuschung. Die mystische Einswerdung war glatter Selbstbetrug. Sehr oft wird der Schleier der Vergötterung zerrissen, wenn der andere sich nicht würdig erweist. Er begeht Verrat, und Verrat kann nur unnachsichtig geahndet werden. Der Stab wird über ihn gebrochen, er wird aus der höchsten Höhe in die tiefste Tiefe geschleudert.

Dieser Fall und andere zeigen, wie verzehrend Eifersucht sein kann. Sie ist in der Tat eine *nahezu* unbezwingliche Leidenschaft, die in der Familie, in der Ehe und im zwischenmenschlichen Zusammenleben überhaupt verheerendes Unheil anrichten kann. In der Erziehung ist uns eine große Verantwortung aufgetragen, kainitische Züge im heranwachsenden Menschen zu verhindern oder eine „tötende Gesinnung" abzubauen.

Die narzißtische Kollusion

Eine andere Erklärung für eine mögliche Entwicklung zum Eifersuchtsmord ist die psychoanalytische Beschreibung des Narzißten, der in einer Kollusion mit seinem Partner lebt. Was stellen wir uns unter einem Narzißten, was unter einer Kollusion vor?

Der Begriff „narzißtische Kollusion" stammt von Jürg Willi, einem führenden schweizerischen Therapeuten für Paarbehandlung[1]. Unter einem Narzißten versteht er einen Menschen, der in den ersten sechs Monaten seiner seelischen Entwicklung in der Mutter-Kind-Beziehung Störungen erfuhr. Das Ich ist unfähig, sich selbst als wahrnehmende Struktur der Außenwelt gegenüberzustellen. Mütter nehmen das Kind nur als Teil ihrer Selbst wahr. Alle Selbständigkeitsbestrebungen des Kindes werden zurückgewiesen. Mütter verpflichten ihre Kinder auf sich, und die Kinder fühlen sich als Schmuckstück der Mutter. Die große Mutter wird zur Spenderin des Lebens, sie verfügt über Leben und Tod. Es ist einleuchtend, wie schwer es solche Kinder haben, selbständig, entscheidungsfähig und liebesfähig ihr Leben zu meistern. Zwei extreme Möglichkeiten bleiben dem Narzißten. Entweder gibt er sich für den Partner auf, oder der Partner gibt sich für ihn auf. Es kann später zu Verschmelzungen zwischen Selbst und Objekt kommen, zum Persönlichkeitsverlust und damit zu psychotischen Zuständen, zur Asozialität und hysterischer Psychopathie.

Unter einer *Kollusion* versteht Willi „ein uneingestandenes, vor-

57

einander verheimlichtes Zusammenspiel zweier oder mehrerer Partner aufgrund eines gleichartigen, unbewältigten Grundkonfliktes". Auch im späteren Zusammenleben sehnen sich die Narzißten nach dem „primär-narzißtischen Urzustand" zurück, in dem es keine Trennung zwischen Subjekt und Objekt gab. Durch Idealisierung der Beziehungsperson versuchen sie, sich diese Illusion zu erhalten, und reagieren mit Wut und Haß, wenn der bewunderte oder idealisierte Partner oder die Beziehung befleckt werden. Warum diese Charaktere zu außergewöhnlichen Mitteln greifen können, macht ihre verpfuschte, frühkindliche Entwicklung deutlich. Das Getrenntsein vom Partner wird als Katastrophe gewertet, und sie reagieren dementsprechend.

Jürg Willi kennzeichnet diese Narzißten so:

„Wer nicht ganz mit ihnen schwingen kann, ist für sie eine Kränkung. Sie teilen die Menschen ein in ‚Weiße', das heißt Freunde, und ‚Schwarze', das heißt Feinde. Da Narzißten in ihrer Hoffnung auf totale Harmonie immer nur Enttäuschung erleben, ist ihre Stellung zu den Menschen oft geprägt von Resignation, Verbitterung, Zynismus und Rachephantasien. Sie stehen in einer *paranoiden Position* und sind zutiefst mißtrauisch, glauben an keine Liebe, an keine Werte, spalten alle echten Gefühle ab ... Wenn eine Beziehungsperson sie nicht vorbehaltlos unterstützt, so wird sie auf die schwarze Liste gesetzt und ist ausgestoßen. Es wird ihr jede Existenzberechtigung abgesprochen. Sie kämpfen so erbarmungslos und grausam, daß ihre Mitläufer vor Schrecken erzittern bei dem Gedanken, selbst einmal in die Feindposition zu geraten. Ganze Völker sind und werden immer wieder Opfer narzißtischer Führerfiguren, wie die Geschichte aus allen Jahrhunderten darlegt."[2]

Eifersucht in Form von Narzißmus ist eine Herrsch- und Besitzsucht, die ihresgleichen sucht, und die Weltgeschichte mit ihren Kriegen und Intrigen, mit ihrer Zerstörung und Ausrottungslust ist ein grausamer Spiegel für die Auswirkungen der Eifersucht.

Der Miniaturmörder

Heinz ist vier Jahre alt, und die Eltern machen sich große Sorge um ihn. Vor einigen Monaten hat Heinz noch ein Brüderchen bekommen. Die Mutter ist mit dem Kleinen ständig beschäftigt. Sie stöhnt über die viele Arbeit und muß zwangsläufig den vierjährigen Heinz vernachlässigen. Der ist wie umgewandelt. Sein Antrieb ist gedämpft. Er mag nicht mehr spielen, steht dauernd hinter der Mutter und stellt weinerliche, nichtssagende Fragen. Offensichtlich sucht er Kontakt, und die Mutter hat nicht die notwendige Zeit. Vorher war sie ausschließlich für ihn da. Im Kindergarten sitzt er in einer Ecke und grübelt vor sich hin. Die Erzieherin versucht, ihn anzusprechen und aufzumuntern, aber er ist verstört. Vorher war Heinz lebhaft, laut, gemeinschaftsfreundlich und beim Spiel aktiv. Jetzt liegt eine krankhafte Lähmung über dem Kind. Alle Tröstungen weist er zurück. Er will allein gelassen werden. Die Mutter erzählt, daß er sie oft aus großen, fragenden Augen anschaue, aber nichts über die Lippen bringe. Sie habe den Eindruck, daß es in dem Jungen arbeite. Doch es komme nicht heraus. Sie erinnere sich nur, daß er beim ersten Kindergartenbesuch gesagt habe: „Hat der Junge da in der Ecke keine Eltern?" Ich fragte die Mutter, was sie dem Jungen geantwortet habe:

„Wie kommst du darauf, natürlich hat der Eltern. Manchmal kannst du wirklich dumme Fragen stellen."

Auf der anderen Seite sei Heinz sehr gerechtigkeitsliebend. Sie müsse sorgfältig Äpfel, Apfelsinen und Naschereien abmessen und aufteilen.

Das Schlimmste aber seien zwei Schandtaten, die sie nicht vergessen könne und die ihr ständig Angst einflößten. Vor vierzehn Tagen habe sie nachmittags in der Küche gearbeitet und einen furchtbaren Krach im Kinderzimmer gehört. Dort stehe die Wiege des Babys, und in der Nähe habe Heinz gespielt. Die Angst habe sie ins Kinderzimmer getrieben. Heinz habe einen Stuhl neben die Wiege gestellt gehabt, sei daraufgeklettert und habe einen großen Kasten mit Bau-

59

klötzchen am Kopfende des Babys in die Wiege gekippt. Einige seien heruntergefallen, und die Sperrholzkiste sei ihm dabei aus der Hand gefallen. Mit zusammengebissenen Lippen sei er auf dem Stuhl gestanden und habe die Hände ängstlich vor sein Gesicht gehalten. Offensichtlich habe er Schläge erwartet. Sie sei so erschüttert gewesen über die Untat des Jungen, daß sie mit einem Handfeger blind vor Wut auf den Sohn eingeschlagen habe. Dummerweise habe sie ihm gesagt, aber das sei ihr erst im nachhinein klargeworden, daß das Baby keine Luft bekäme, nicht mehr atmen könne und ersticken müsse, wenn man Gegenstände aufs Gesicht lege. Einige Tage später habe sie eine panische Unruhe erfaßt, im Kinderzimmer sei es still gewesen. Das Kopfende der Wiege sei mit einem dicken Kissen verstopft gewesen. Der Junge habe sich hinter dem Sofa versteckt gehabt und habe mucksmäuschenstill abgewartet. Sie habe das Kissen heruntergerissen, das Kind habe einen völlig verzerrten Gesichtsausdruck gehabt. Besinnungslos und ohne Überlegung, das müsse sie schon sagen, habe sie den Jungen geschlagen. Sie habe den ganzen Tag geheult und kaum in der Nacht geschlafen, so verzweifelt sei sie über die Mordgelüste des Jungen. Der Vater habe ihn allerdings grußlos ins Bett gebracht. Sie habe ihn nicht sehen wollen.

Der Humorist Wilhelm Busch hat der kindlich-naiven Brutalität des Enthronten in seiner ,,Kritik des Herzens'' sprechenden Ausdruck verliehen:

> Die Tante winkt, die Tante lacht:
> He, Fritz, komm mal herein!
> Sieh, welch ein hübsches Brüderlein
> der gute Storch in letzter Nacht
> ganz heimlich der Mama gebracht.
> Ei ja, das wird dich freu'n!
> Der Fritz, der sagte kurz und grob:
> Ich hol' 'nen dicken Stein
> und schmeiß' ihn an den Kopf!

Überlegungen zur Selbstprüfung

– Mutter hat plötzlich weniger Zeit für den Erstgeborenen. Das Baby nimmt ihre Zeit, ihre Geduld und Kraft in Anspruch. Der Junge muß sich zurückgesetzt fühlen. Was können Vater und Mutter tun?
– Mutter und Vater verlangen plötzlich Rücksichtnahme, die der

Erstgeborene nicht versteht. Alles geht zu Lasten des Jungen. Die Forderungen kommen über Nacht. Der Junge ist unvorbereitet. Er *muß* die Forderungen als Strafe empfinden, weil er in diesem Alter die Zusammenhänge nicht verstehen kann.

– Mutter trägt das Neugeborene auf dem Arm herum. Redet lieb und warmherzig auf das Baby ein. Der kleine Junge steht irgendwo abseits daneben. Abgeschoben und unbeachtet. Er muß das als abscheulichen Verrat verstehen.

– Mutter und Vater müssen das neue Kind lieber haben als ihn. Sie waren mit ihm unzufrieden und haben sich ein neues Kind zugelegt, an dem sie mehr hängen und das ihnen mehr bedeutet.

– Er wird plötzlich geschlagen und bestraft, wie er noch nie bestraft worden ist. Er spürt instinktiv den blindwütigen Haß der Mutter. Sie haben ihn nicht mehr lieb, er muß sich verstoßen fühlen.

– Beide Eltern machen ihrem Herzen Luft über den ungeratenen Sohn, über seine bösen Veranlagungen, über seine verbrecherischen Neigungen. Sie strafen ihn nicht nur körperlich, sondern entziehen ihm noch mehr Zuwendung und Liebe. Die Haßgefühle gegen die Eltern, besonders aber gegen das Baby, werden gesteigert. Die Rache wird geschürt. Unbewußt drängen die Eltern das Kind auf die „unnütze Seite des Lebens", wie Alfred Adler das genannt hat.

– Die Eltern haben aus Scham und aus Gehemmtheit nicht mit ihrem Kind über ein weiteres ankommendes Geschwisterchen gesprochen. Unvorbereitet und arglos wacht das Erstgeborene eines Morgens auf und wird brutal in eine neue Wirklichkeit gestoßen. Das neue Geschwisterchen hat die altvertraute Atmosphäre vergiftet und hängt der Mutter am Hals und an der Brust und steht plötzlich im Mittelpunkt des Interesses. Alle bewundern das kleine strampelnde Wesen. Für ihn interessiert sich niemand mehr. Solche Enttäuschungen bleiben nicht folgenlos. Darum können sich Eltern und Erzieher nicht gründlich genug Gedanken machen, den Erstgeborenen mit einer neuen Familienkonstellation vertraut zu machen, um der Eifersucht vorzubeugen.

Eifersucht und Kinderfragen

Eltern und Erzieher müssen lernen, die verschlüsselten Fragen des Kindes zu verstehen. Kinder haben ihre eigenen Gesetze. Wenn wir die Zeichensprache des Kindes entziffern, nehmen wir das Kind ernst. Wenn wir die Zeichen überhören, lassen wir das Kind allein. Wir wollen aber über die *unverstandenen* Bedürfnisse des Kindes nachdenken, um die verborgenen Wünsche zu erhellen. Heinz, den wir eben vorgestellt haben, ist ein Kind, das scheinbar plötzlich ins Fragealter gekommen sei. Es steht hinter der Mutter und fragt ihr das berühmte „Loch in den Bauch".

„Muß das Baby jetzt trinken?"

„Muß es lange trinken?"

„Kann das Baby nicht beißen?"

„Warum hat es noch keine Zähne?"

„Warum kann es das nicht selbst tun?"

Jede beantwortete Frage lockt eine weitere Frage hervor. Was ist das *Ziel* des Kindes? Es will beachtet werden. Die Mutter soll sich mit ihm beschäftigen. Heinz fühlt sich einsam. Er fühlt sich in die Ecke gestellt. Er fühlt sich *entthront*. Das neue Geschwisterchen hat seinen Platz eingenommen. Eltern und Erzieher müssen die Chiffrensprache des Kindes deuten lernen. Viele antworten gleich drauflos, anstatt über Zwecke und Ziele des Kindes nachzudenken. Heinz ist eifersüchtig. Seine Fragen sind der Versuch, mit der Mutter anzubändeln, die Mutter für sich zu gewinnen, die Aufmerksamkeit der Mutter auf sich zu lenken. Was kann die Mutter sagen – wenn sie das Ziel des Kindes richtig erkannt hat?

„Heinz, du möchtest, daß sich die Mutter genauso mit dir beschäftigt wie mit dem Baby. Mutter macht das Baby jetzt fertig, gleich hat Mutter für dich Zeit."

Oder kürzer:

„Gleich hat die Mutti für dich Zeit."

(Reagiert Heinz einigermaßen zufrieden, hat sie mit der nicht sachgerechten Beantwortung einer Frage doch die *eigentliche* Absicht des Kindes getroffen.)

Oder wenn Heinz noch etwas größer ist:

„Heinz, hilf mir ein bißchen dabei, dann geht es schneller. Dann habe ich gleich für dich Zeit."

Wenn Eltern, besonders Mütter, die ja mit Neugeborenen beschäftigt sind, keine Zeit haben und ärgerlich reagieren, das ältere Kind mit Worten oder mit Taten zurückweisen, verstärken sie die Eifersucht des Kindes auf das Neugeborene.

Beim ersten Kindergartenbesuch fragte Heinz die Mutter:

„Hat der Junge in der Ecke keine Eltern?"

Die Mutter hat völlig unangemessen reagiert. Der kleine Heinz identifizierte sich mit dem einsamen Jungen in der Ecke. Verlassenheitsangst stieg in ihm hoch, und er kleidete seine unbestimmte

Angst in diese Frage. Seine Frage im Klartext lautet vielleicht: „Haben die Eltern des Jungen das Kind abgeschoben, weggeschickt und allein gelassen?"

Oder:

„Habt ihr etwa das gleiche mit mir vor? Soll ich auch abgeschoben und weggeschickt werden, so daß ich keine Eltern mehr habe?"

Heinz braucht die Bestätigung, geliebt und nicht im Stich gelassen zu werden. Geheime Ängste eines Kindes können wir auch nicht mit Überlegungen Erwachsener beiseiteschieben. Kinder wollen in ihren Gefühlen respektiert werden. Es kann selbstverständlich seine Eifersucht nicht begrifflich erklären. Es gelingt ihm nicht, sich in der Sprache der Erwachsenen zu artikulieren. Die Mutter könnte antworten:

„Du meinst, Kinder im Kindergarten hätten keine Eltern. In den Kindergarten kommen nur Kinder, die von den Eltern weggeschickt sind, die sie nicht mehr haben wollen?"

Die Mutter erkennt die Angst des Jungen und respektiert sie. Sie nimmt die Gefühle des Kindes ernst.

Oder:

„Wir freuen uns für dich, daß da so viele Spielgefährten für dich sind. Wenn wir dich mittags abholen, erzählst du uns, was ihr alles gespielt habt."

Niemals wollen wir als Erzieher die Ängste verstärken, indem wir über Ängste diskutieren, wir greifen das Positive heraus und verstärken die Gefühle.

Eine andere Form der Eifersucht tritt in Fragen zutage, die etwa so lauten:

„Mutter, ist mein Apfel genauso groß wie der von Bernd oder Gisela?"

„Annegret hat aber ein größeres Stück Kuchen bekommen! Siehst du das nicht?"

„Willi hat viel mehr Pudding auf dem Teller als ich. Kann ich noch einen Löffel voll dazubekommen?"

Der *Vergleich* ist ein Symptom der Eifersucht. Und der vielzitierte und beschworene *Gerechtigkeitssinn* unserer Kinder ist ebenfalls verdeckte Eifersucht. Mit Moralpredigten greifen Eltern völlig daneben. Moralpredigten machen deutlich, daß die Eltern den Hintersinn der Frage nicht verstanden haben. Kinder wollen nicht belehrt, sondern verstanden werden. Die Mutter könnte auf die Frage des Kindes „Mutti, ist mein Apfel genau so groß wie der von Bernd"? antworten: „Du fragst dich, ob deine Mutter dich auch so lieb wie deinen älteren Bruder oder deine Schwester hat."

Sie macht keine Vorwürfe, sucht nicht nach Entschuldigungen und schimpft nicht. Sie fährt dem Kind einmal liebevoll über den Kopf, drückt es einmal und gibt ihm wortlos ein Küßchen auf die Wange. Die Mutter macht nicht viele Worte, sie zeigt dem Kind, daß es geliebt wird.

Eifersucht oder Der Ödipuskomplex

Was hat der Ödipuskomplex mit der Eifersucht zu tun? Ist es möglich, diesen schwerbefrachteten psychoanalytischen Begriff sozialpsychologisch mit Eifersucht zu umschreiben?

Was ist zunächst ein Komplex?

Die Psychologen haben eine Reihe von *Komplexen* erforscht, die den Neurotiker kennzeichnen. „Komplex" ist ein populärer Begriff in der psychoanalytischen Literatur und Praxis. Der Komplex deutet auf etwas Anomales und Übertriebenes im Verhalten eines Menschen hin. Komplexe stellen einen Knoten dar, eine Konzentrierung von Gefühlsenergie, die über das gesunde Mittelmaß weit hinausgeht. Die orthodoxen Psychoanalytiker begreifen den Menschen als *Opfer* eines solchen Komplexes. Der Mensch urteilt, denkt und handelt in völliger Abhängigkeit von diesem Konflikt. Das Ergebnis ist dann die Neurose bzw. eine Psychose. Die Individualpsychologen verstehen unter einem Komplex die Stellungnahme eines Menschen, der schablonenartig denkt und handelt. Auch der Eifersucht*komplex* charakterisiert ein Denken, Fühlen und Handeln des Menschen, der immer wieder wie durch eine Schablone sich selbst und seine Beziehungen zum Partner betrachtet. In der Perspektive des Freudschen Systems, der Psychoanalyse, spielt der Ödipuskomplex eine bedeutende Rolle. Die Psychoanalytiker gehen davon aus, daß er nahezu alle Neurosen erklärt. Sigmund Freud hat den Ödipuskomplex von der griechischen Sage des Königs Ödipus abgeleitet.

Die Ödipussage

Der griechische Dichter Sophokles, der 496 v. Chr. in der Nähe von Athen geboren wurde, schrieb die Tragödie „König Ödipus". Er führt uns in die Zeit des patriarchalischen Königtums in Griechen-

65

land ein. Der ganze Staat stellt eine große Familie dar, mit dem König als Oberhaupt. Die meisten Leute kennen einander wie Geschwister, und das Leben spielt sich vorwiegend in der Öffentlichkeit ab. Die Sitten sind streng, Anstand steht hoch im Kurs. Die Verfehlung zwischen Ödipus und Jokaste – seiner Mutter – gilt als entsetzlich. Die Königin hat sich daraufhin das Leben genommen. Auch der Bereich der Adoption ist schon bekannt. Die Abhängigkeit des Menschen von den Göttern ist groß. Man glaubt allgemein an ein Einwirken der Götter auf das Geschick des einzelnen und sucht in schweren Zeiten ihren Willen zu erforschen. Um den Willen der Götter zu erfahren, werden entweder Seher oder Orakel benutzt. Das ist der Hintergrund für die Tragödie ,,König Ödipus", die Sophokles geschrieben hat.

Damals herrschte in Theben König Laius, der die Thebanerin Jokaste heiratete. Die Ehe blieb lange kinderlos. Als er nun beim Delphischen Orakel anfragte, ob ihm die Götter nicht einen Sohn bescheren würden, wurde ihm geweissagt, er werde einen Sohn bekommen, der seinen Vater töten und die eigene Mutter heiraten würde. Als ihm nun ein Sohn geboren wurde, ließ er, um die Erfüllung des Orakels zu verhindern, das Kind mit durchbohrten Füßen auf einem Gebirge bei Theben aussetzen, damit es von wilden Tieren zerrissen werde. Der Diener aber gab aus Mitleid das Kind einem korinthischen Hirten, und dieser brachte es seinem König Polybus, der den Knaben als Sohn annahm und wegen der geschwollenen Füße Ödipus (Schwellfuß) nannte. Als er zum Jüngling herangewachsen war, warf einer seiner Altersgenossen im Rausch die Bemerkung hin, er sei nicht der Sohn seiner Eltern, sondern ein untergeschobenes Kind.

Tief gekränkt eilte Ödipus zu seinen Pflegeeltern und fragte sie, ob das wahr sei. Als diese ihn zu trösten suchten, seine Frage aber nicht beantworteten, machte er sich auf, um das Orakel in Delphi zu befragen. Dieses aber gab ihm statt einer befriedigenden Auskunft die unbestimmte Antwort: ,,Hüte dich, deinen Vater zu töten und deine Mutter zum Weibe zu nehmen!"

Erschrocken über diese Antwort, beschloß Ödipus, nicht wieder nach Korinth zurückzukehren, sondern fremde Lande aufzusuchen. Unterwegs begegnete ihm ein Wagen, auf dem ein Greis saß. Als ihn der Wagenlenker auf die Seite drängte, setzte er sich zur Wehr, und als ihm der Greis aus dem Wagen einen Streich über den Kopf gab, erschlug er ihn und auch den Wagenlenker. Nur der Diener entkam. Der unglückliche Ödipus ahnte nicht, daß er seinen eigenen Vater Laius erschlagen hatte und somit der erste Teil des Orakels erfüllt war. Laius war ebenfalls auf dem Weg nach Delphi, um das Orakel zu befragen wegen der Rettung von der Sphinx, einem furchtbaren Ungeheuer, das, vorn wie eine Jungfrau, hinten wie ein Löwe gestaltet, auf einem Felsen vor der Stadt lagerte und jeden Vorübergehenden tötete, der das von ihm vorgelegte Rätsel nicht lösen könnte.

Ödipus, der kurze Zeit später nach Theben kam, unternahm das Wagnis und ließ sich von der Sphinx das Rätsel vorlegen. Mit Leichtigkeit löste Ödipus das Rätsel, die Sphinx stürzte sich vom Felsen, und Ödipus wurde als Retter der Stadt begrüßt und zum König gemacht. Er heiratete dann Jokaste, seine eigene Mutter. Er herrschte anfangs glücklich, bekam zwei Söhne und zwei Töchter, bis in Theben die Pest ausbrach, der König zum Orakel schicken ließ und in Delphi die furchtbare Wahrheit erfuhr. Die Mutter und angeheiratete Frau des Ödipus, Jokaste, erhängte sich, und Ödipus blendete sich selbst und verließ Theben, begleitet von seiner Tochter Antigone. Seine Spur verliert sich in den Wäldern von Attika.

Freud und der Ödipuskomplex

Einleitend schreibt Sigmund Freud über die psychoanalytische Interpretation der Ödipussage folgendes:

„Ich habe den *Ödipuskomplex* so genannt, weil sein wesentlicher Inhalt in der griechischen Sage von König Ödipus wiederkehrt, deren Darstellung durch einen großen Dramatiker uns zum Glück erhalten geblieben ist. Der griechische Held tötet seinen Vater und nimmt seine Mutter zum Weib. Daß er es unwissentlich tut, indem er die beiden nicht als seine Eltern kennt, ist eine Abweichung vom analytischen Sachverhalt, die wir leicht verstehen, ja als notwendig anerkennen werden."[1]

Welche Bedeutung hat nun für Freud und für viele Psychoanalytiker der Ödipuskomplex?

- Freud betrachtet es als experimentell erwiesen, daß die Vorliebe des Kindes für den andersgeschlechtlichen Elternteil *sexueller* Natur sei.
- Freud, ein Sohn der naturwissenschaftlichen Ära, stellt sich den Ödipuskomplex als etwas Biologisches, zur natürlichen Ausrüstung des Menschen Gehörendes vor.
- Nach Freud bilden sich in der *phallischen Phase*, etwa vom dritten Lebensjahr an, erotisch-sexuelle Tendenzen gegenüber der Mutter und vom Mädchen gegenüber dem Vater aus. Diese Impulse

stoßen auf starkes Verbot, nicht selten unter Kastrationsandrohung für den Jungen durch den Vater. Der Penis wird ihm abgeschnitten oder irgendwie entfernt. Die verbietende Instanz wird vom Kind in das eigene Innere aufgenommen, introjiziert. Damit geht der Ödipuskomplex unter und wird durch das Über-Ich mit seiner Funktion des Gewissens abgelöst. Freud schreibt:
„Mit und in der phallischen Phase erreicht die frühkindliche Sexualität ihre Höhe und nähert sich dem Untergang. Knabe und Mädchen haben von jetzt an gesonderte Schicksale. Der Knabe tritt in die Ödipusphase ein, er beginnt die manuelle Betätigung am Penis mit gleichzeitigen Phantasien von irgendeiner sexuellen Betätigung desselben an der Mutter, bis er durch Zusammenwirkung einer Kastrationsdrohung und dem Anblick der weiblichen Penislosigkeit das größte Trauma seines Lebens erfährt..."[2]

– „Wenn der Knabe (von 2–3 Jahren) in die phallische Phase seiner Libido-Entwicklung eingetreten ist, lustvolle Empfindungen an seinem Geschlechtsteil empfängt und gelernt hat, sich diese durch manuelle Reizung nach Belieben zu verschaffen, wird er zum Liebhaber der Mutter. Er wünscht, sie körperlich zu besitzen, in den Formen, die er durch seine Beobachtungen und Ahnungen vom Sexualleben erraten hat, sucht sie zu verführen, indem er ihr sein männliches Glied zeigt, auf dessen Besitz er stolz ist."[3]

– Unter dem Einfluß des „Penisneides" – so die Psychoanalytiker – wird die Tochter aus der anfänglichen Mutterbindung vertrieben und läuft in die Ödipussituation „wie in einen Hafen ein". Sie macht die Mutter für ihren Penismangel verantwortlich, verzeiht ihr diese Benachteiligung nicht und überträgt ihren Peniswunsch auf den Vater. Dieser Wunsch wird bald durch den nach einem Kind vom Vater ersetzt.

– Die Kastration fehlt, nach Freud, auch in der Ödipussage nicht, denn die Blendung des Ödipus sei ein symbolischer Ersatz der Kastration.

– „In der Tat ist das Über-Ich der Erbe des Ödipuskomplexes und wird erst nach der Erledigung desselben eingesetzt. Seine Überstrenge folgt darum nicht einem realen Vorbild, sondern entspricht der Stärke der Abwehr, die gegen die Versuchung des Ödipuskomplexes aufgewandt wurde."[4]

– Das Mädchen erlebt nach vergeblichem Versuch, es dem Knaben gleichzutun, die Erkenntnis ihres Penismangels oder besser ihrer Klitorisminderwertigkeit mit dauernden Folgen für die Charakterentwicklung."[5]

– Von der Bedeutung des Ödipuskomplexes ist Freud mehr als
  überzeugt, wenn er schreibt:
  „Ich getraue mich, zu sagen, wenn die Psychoanalyse sich keiner
  anderen Leistung rühmen könnte als der Aufdeckung des ver-
  drängten Ödipuskomplexes, dies allein würde ihr den Anspruch
  geben, unter die wertvollen Neuerwerbungen der Menschheit
  eingereiht zu werden."[6]
– Nach Freud ist „jedem menschlichen Neuankömmling die Aufgabe gestellt, den Ödipuskomplex zu bewältigen; was er nicht zustande bringt, ist der Neurose verfallen"[7].

Kritik am Ödipuskomplex

Alfred Adler hat als einer der ersten der *biologischen* Deutung
Freuds widersprochen und dem Phänomen Ödipuskomplex eine *so-
zialpsychologische* Interpretation gegeben. Er kritisierte die selbst-
analytische Beobachtung Freuds, der in seine Mutter verliebt gewesen und auf seinen Vater eifersüchtig gewesen sei. Diese
Beobachtung Freuds sei kein wissenschaftlicher Beweis, daß jedes
kleine Kind von dem zwanghaften Wunsch besessen sei, mit der
Mutter geschlechtlich zu verkehren und den Vater aus dem Weg zu
räumen. Adler schreibt:
„Stark verbreitet ist der oben erwähnte Komplex, ohne daß man
einen rechten Einklang der Erscheinungsformen, die damit verbunden sind, mit dieser Beziehung finden kann. Es ist der Ödipuskomplex, der besagen sollte, daß ein Kind irgendwelche sexuellen Neigungen zum andersgeschlechtlichen Elternteil hat, was bei einer
einsichtigen Reduzierung auf die Tatsache nichts sagt, als daß der
Name schlecht gewählt ist und nur der Charakterzug eines verzärtelten Kindes zum Ausdruck kommt, der von seiner Mutter nicht
lassen will. Der Ödipuskomplex sollte nach Freud die Grundlage
der Entwicklung des Seelenlebens sein, die Individualpsychologie
hat aber gezeigt, daß er ein künstlicher Erziehungsfehler ist."[8]
  Aus diesen und anderen Zitaten Adlers sowie aus empirischen
Untersuchungen anderer psychologischer Richtungen ergeben sich
folgende Argumente:

Das Kind will Mutters Aufmerksamkeit besitzen
Der sogenannte Ödipuskomplex kann nur in Kindern entstehen, die
die ganze Aufmerksamkeit der Mutter besitzen wollen und alle anderen Menschen fernhalten möchten. Solche Wünsche sind nicht se-

xueller Natur. Aber sie haben etwas mit Egoismus, Verwöhnung, Kontakthemmung und mangelndem Gemeinschaftsgefühl zu tun.

Mangelndes Gemeinschaftsgefühl
Alfred Adler hat die Beschränkung des „Aktionsgebietes auf den familiären Kreis" hervorgehoben. Er schreibt:

„Wegen seines Gefühls der Unsicherheit hat es niemals sein Interesse über die wenigen Menschen, mit denen es vertraut ist, hinausgelenkt. Es fürchtet über die anderen nicht in gewohnter Weise herrschen zu können. Wahrscheinlich können wir in jedem Kind einen Ödipuskomplex erzeugen. Alles, was wir brauchten, wäre, daß seine Mutter ihn verzärtelte und sich weigerte, sein Gemeinschaftsgefühl auf andere Menschen auszudehnen, und daß das Verständnis zu seinem Vater verhältnismäßig gleichgültig oder kühl wäre."[9]

Der Ödipuskomplex ist ein Produkt des Patriarchats
Die Ödipustragödie schildert anschaulich einen Generationenkonflikt zwischen Vätern und Söhnen. Der Ödipuskomplex ist ein typisches Produkt des Patriarchats im 19. Jahrhundert. In der Zeit des Königs Ödipus herrschte in Griechenland ebenfalls das Patriarchat.

Patriarchalismus beinhaltet Rebellion gegen den Vater. Dabei ist die sexuelle Komponente völlig bedeutungslos. Die Forschungsergebnisse der modernen Ethnologie machen deutlich, daß die Rolle des Mannes in verschiedenen Kulturen stark voneinander abweicht. Besonders Margaret Mead hat anschaulich gemacht, und zwar anhand von 7 Südseevölkern, die sie untersuchte, wie abweichend sich die Rolle der Männer manifestiert. Kultur und Erziehung können den Menschen in ungeahnter Weise prägen, so daß von *dem* Mann und *den* Männern hier und in aller Welt nicht gesprochen werden kann. Die Anatomie des Mannes ist anders als die der Frau. Sie ruft andere Erwartungen und Wunschvorstellungen hervor. Aber keineswegs können wir sagen: Anatomie ist Schicksal. Was die Ungleichheit der Geschlechter besonders programmiert hat, ist nicht die biologische Unterschiedlichkeit, sondern das Patriarchat. Es *überschätzt* den Mann und *unterschätzt* die Frau. Aus dieser Konstellation wird der Neid des Mädchens geboren. Es fühlt sich klein, minderwertig, an zweiter Stelle und gerät aufgrund dieser Wahrnehmung und Selbsteinschätzung automatisch ins zweite Glied.

Eine andere Reaktion ist „der männliche Protest", wie Adler das überkompensatorische Streben von Mädchen genannt hat. Das Mädchen will ein „ganzer Kerl" sein, will sich nicht unterlegen und klein fühlen. Frauen flüchten in Vermännlichung, wollen herrschen und dominieren. Schon als kleine Mädchen tun sie es den Jungen gleich, sind rauh, ehrgeizig und schnodderig. Männer haben Vorteile und genießen Sonderrechte. Diese Mädchen wollen nicht zurückstehen und kämpfen eifersüchtig um Gleichberechtigung oder um Überlegenheit. Das hat nichts mit *Penisneid* zu tun, sondern ist vielmehr ein psychologischer Aspekt.

Auch der Kulturanthropologe Malinowski studierte die Südseevölker und fand, daß der Ödipuskomplex im Sinne Freuds überhaupt keine Rolle spielte. Er stempelte die Vorstellungen Freuds als Mythologie ab und sprach im Gegensatz zu Freud vom „Familienherrnkomplex", der der Adlerschen Auffassung wesentlich gerechter wird. Vater, Mutter und Geschwister prägen die Kindheit in entscheidender Weise. Ihre Wechselbeziehungen produzieren den Lebensstil des Kindes, das sich aus Bevorzugung, Verwöhnung, Ablehnung und Vernachlässigung seinen Lebensplan entwirft.

Inzest oder Erziehung zum Muttersöhnchen
Die Inzestsituation zwischen Mutter und Sohn und Vater und Tochter kommt zwar vor, ist aber – statistisch gesehen – äußerst selten.

Ausgangspunkt jeder Familienbeziehung ist der Kontakt zwischen Mutter und Kind. Das gilt für beide Geschlechter. Und diese Wechselbeziehungen stehen im völligen Gegensatz zu den Anschauungen der Psychoanalyse, die im Ödipuskomplex eine Bindung sexuellen Ursprungs erkennen wollen. Nur die vom Über-Ich dazwischengeschobenen Tabus der Moral verhinderten den Inzest, zu dem die Libido „natürlicherweise" dränge. Der Psychoanalytiker Ignace Lepp schreibt dazu:

„Die furchtbare Zensur, der der Ödipuskomplex unterstehe, sei die Ursache nahezu aller Neurosen. Eine solche Auffassung kann nur überraschen, wenn man die Freudsche Theorie der Libido nicht kennt. Da sie die Identität von Libido und Sexualtrieb ohne weiteres voraussetzt, kann jede Gefühlsbindung nur sexueller Natur sein. In gewissen, ausgesprochen pathologischen Fällen ist die Liebe zwischen Mutter und Sohn oder zwischen Vater und Tochter tatsächlich inzesthaft, wie das Faktum des Inzests ja bestätigt. Indessen ist nicht erwiesen, das es sich bei allen sexuellen Inzestbeziehungen wirklich auch um einen ursprünglichen Drang des Triebes handelt."[10]

Auch Erich Fromm bestätigt die Auffassung Adlers, daß nicht physische sexuelle Regungen inzestuöses Verhalten auslösen, sondern mißlungene psychologische Beziehungen, wenn er schreibt:

„Blutschänderische sexuelle Strebungen sind *nicht die Ursache* der Fixierung an die Mutter, sondern das *Ergebnis* einer solchen Fixierung."[11]

Selbst Träume, in denen der Vater vom Kind getötet, erschossen, erwürgt oder weggewünscht wird, sind Anzeichen dafür, daß das Kind *nicht* mit der Mutter ins Bett, sondern die Mutter für sich allein haben will.

Der sogenannte Ödipuskomplex ist oft nur eine *Antwort* des Kindes auf die Bewegung durch die Mutter. Das „Muttersöhnchen" wurde von der Mutter verwöhnt. Die Mutter hat sich aus verschiedenen Gründen an den Sohn gehängt, ihn vereinnahmt und ihn für sich dienstbar gemacht. Der hilfreiche Sohn hat sich ins Schlepptau der Mutter begeben, und beide leben fortan in Symbiose. Mit sexueller Anziehung und Inzestliebe hat das wenig zu tun.

Auch der Elektrakomplex, der umgekehrte Ödipuskomplex, der die libidinöse Liebe der Tochter zum Vater kennzeichnen soll, ist bestenfalls das Produkt eines Erziehungsfehlers. Die Mutter braucht nur den Sohn vorzuziehen und verhätscheln, schon wird die Tochter sich um Liebeszuwendung beim Vater bemühen. Oft suchen auch die Eltern einen Ersatz für ihre Liebe beim Sohn oder bei der Tochter und fördern die sogenannte Ödipussituation.

Horst-Eberhard Richter schreibt in seinem Buch „Eltern – Kind und Neurose":

„Einzelne Kulturanthropologen haben aufgrund ihrer Feldstudien sogar Zweifel an Freuds Lehre von der generellen Verbreitung kardinaler Komplexbildungen im Verlauf der kindlichen Entwicklung angemeldet. So hat B. Malinowski aus seiner Beobachtung bei den Tobriandern gefolgert, daß die besondere Erziehung in einer matriarchalischen Kultur keinen Ödipuskomplex zustande kommen lasse. Der Ödipuskomplex sei vielmehr abhängig von einer patriarchalischen Kultur."[12]

Eitelkeit und Männlichkeit

Nach Freud wird die dritte Phase der Libido-Entwicklung als „phallische Phase" gekennzeichnet. Der Junge sei stolz auf seinen Penis, und im Mädchen erwachten automatisch Neid und Eifersuchtsgefühle auf dieses charakteristische Symbol der Männlichkeit. Auch hier müssen wir nicht der Freudschen Auslegung folgen und den berühmten „Penisneid" des Mädchens bemühen. Josef Rattner gibt dazu eine treffende Auslegung, wenn er schreibt:

„Diese Theorien können leicht auf einen kleinen realen Kern reduziert werden, nämlich auf die Thematik der *Eitelkeit*. Der Stolz des Knaben im Patriarchat gilt nicht so sehr seinem männlichen Organ als seiner ‚Männlichkeit' überhaupt. Weil er zu erkennen beginnt, daß sie privilegiert ist. Das Mädchen will nicht unbedingt einen Penis, sondern die Gleichstellung mit dem Knaben. Es erkrankt an Kleinmut, Eifersucht und Neid, weil es die ‚soziale Minderwertigkeit der Frau' (nicht die biologische, wie Freud irrtümlich meint) deutlich spürt."[13]

Sexuelle Impulse oder Eifersucht

Nicht primitive sexuelle Impulse bestimmen das Verlangen des Jungen, sondern Eifersucht und Besitzenwollen. Der Freud-Schüler Theodor Reik, der in Wien Freud hörte und später in New York lehrte, schreibt: „Das Besitzenwollen und die Eifersucht des Kindes, die Leidenschaft, die es gelegentlich zeigt, die aber schnell wieder verdeckt und verdrängt wird, sind natürlich auf seine Zuneigung zur Mutter zurückzuführen. Nicht der Geschlechtstrieb in seiner elementaren Form, sondern die Verknüpfung des Geschlechtstriebs mit der Zärtlichkeit und dem Willen, das Objekt zu besitzen, müssen für die eifersüchtigen und aufrührerischen Neigungen des Kindes gegen seinen Vater verantwortlich gemacht werden."[14]

Die Erscheinungsform des Ödipuskomplexes wird damit nicht geleugnet, aber die Deutung im Sinn der Triebtheorie wird zurückgewiesen. Es gibt keinen Ödipuskomplex, aber ein Ödipus*klima*. Es kommt besonders in Familien vor, wo die Eintracht zwischen den Ehegatten fehlt, wo Ehepartner um die Gunst des Kindes buhlen. Das Ödipuskomplexsymptom ist ein *Eifersuchtssyndrom*. Es äußert sich in verschiedenen Spielarten. Die Haß-, Feindschafts- und Mordgelüste gegen einen Elternteil sind die Folge der Eifersucht. Der schon zitierte Analytiker Ignace Lepp kommentiert dieses Verhalten so:

„Daß das Kind Eifersucht, sogar eine gewisse Feindschaft für den anderen Elternteil empfindet, zeigt sich tatsächlich in nicht wenigen Fällen. Es hegt übrigens dieselbe Feindschaft gegen die Geschwister, gegen alle, die ihm, wie es meint, das Monopol der Zuneigung des Vaters oder der Mutter rauben."[15]

Eifer*sucht* ist eine Gier und ein lebensgefährlicher Virus im zwischenmenschlichen Zusammensein. Neben Haßgefühlen, Mordgelüsten und Konkurrenzstreben zeigt sich die Eifersucht im Gewand der *Besitzwut*. Der amerikanische Individualpsychologe Henry Jacoby greift diesen Aspekt auf und stellt das Bemächtigungsstreben in den Mittelpunkt, um die Ödipussituation zu erklären. Auch in seinen Augen sind es nicht sexuelle Ambitionen, sondern Auswüchse der Eifersucht. Bei ihm heißt es:

„Besitzwut und Eifersucht drücken sich auch im Sexualjargon aus. Aber schon der Ödipus der Sage erschlägt nicht deshalb den Vater und heiratet die Mutter, weil er mit der Mutter zu schlafen wünscht, sondern weil er König werden will."[16]

Die Eifersuchtsproblematik spielt daher in ihren Erscheinungsformen Rivalität, Vergleichen, Konkurrenzstreben, Besitzstreben, Neid, Haß, Ehrgeiz und Herrschsucht eine entscheidende Rolle.

Sind Frauen eifersüchtiger als Männer?

Ein japanisches Sprichwort sagt:

„Eine Frau, die nicht eifersüchtig wird, ist wie ein Ball, der nicht springt." Von Frauen ist die Rede, nicht von Männern. Japan ist auch heute noch ein Land, in dem das patriarchalische System fest verwurzelt ist. In Groß- und Kleinbetrieben ist es bis heute erhalten. Man kündigt nicht und wird nicht gekündigt. Der Aufstieg vollzieht sich heute noch oft nicht nur nach Leistung, sondern nach Seniorität. Sohnestreue und Gesetzestreue sind traditionelle Hinterlassenschaften. Die Frau ist in dieses patriarchale System eingebunden. Sie *gehört* dem Mann, und dieses Besitzrecht fördert verstärkt das Eifersuchtsverhalten der Frau. Es hat in der Tat den Anschein, daß bei uns mehr Frauen als Männer sich mit Eifersucht herumschlagen. Ist das eine biologisch bestimmte, menschliche Eigenschaft? Oder ist es eine in unserem Leben mehr *kulturell* bestimmte und beeinflußte Verhaltensweise? Einige sich widersprechende Meinungen stehen zur Diskussion. Zum Teil werden sie heftig und kontrovers ausgetragen. Es lohnt sich, einige Autoren aus den verschiedensten Wissenschaftsgebieten zu zitieren, die sich mit dieser Frage auseinandersetzen und Argumente beitragen.

Da ist zunächst Sigmund Freud, der zu den Psychologen gehört, der die Eifersucht bei Frauen *biologisch verankert* wissen will. Seine Beobachtungen im Wien des vorigen Jahrhunderts, und zwar an Frauen des Bürgertums viktorianischer Prägung, laufen darauf hinaus, daß ein dem *weiblichen* Geschlecht unausrottbar innewohnender *Penisneid* als Schlüssel für alle Eifersuchtsprobleme der Frauen zwingend angenommen werden muß. Bei den Neoanalytikern, die der orthodoxen Psychoanalyse den Rücken kehrten, wurden noch zu Lebzeiten Freuds die ersten Zweifel laut.

Eifersucht ist nicht biologisch verankert

In einer Illustrierten fand ich einen Artikel, von einer Frau geschrieben: „Wissen Sie, warum Frauen eifersüchtiger sind als Männer?" Folgende Gesichtspunkte hat die Dame dann über ihre Geschlechtsgenossinnen zusammengetragen:

– Für verheiratete Frauen ist es fast unmöglich, zwischen Einkauf von Gemüse und Schularbeiten mit den Kindern ein Rendezvous einzuschieben.

– Frauen können in der Regel nichtkörperliche und seelische Wünsche nur mit einem einzigen Mann befriedigen. Männer dagegen können leichter Seelisches und Körperliches trennen und sich sexuell mit anderen Partnern einlassen.

– Frauen sind eifersüchtiger, weil sie sich ihrer eigenen Unterlegenheit bewußt sind. Sie bilden sich ein, die Männer tun ihnen einen Gefallen, wenn sie mit ihnen verheiratet sind.

– Frauen werden eifersüchtig, wenn ihr Selbstbewußtsein sinkt. Ihre vergleichsweise große Abhängigkeit von Männern verstärkt ihr negatives Selbstbewußtsein und damit ihre Eifersucht.

Diese mehr unsystematischen Gedankengänge, die aber die größere Eifersucht der Frauen gegenüber den Männern demonstrieren sollen, werden von einigen orthodoxen Analytikern geteilt. Nur mit der biologischen Verankerung geben sich viele Autoren nicht zufrieden.

Da ist Karen Horney, die aus Hamburg stammende Neoanalytikerin, die 1932–1952 als Ärztin und Psychotherapeutin in Amerika wirkte; sie schreibt zu diesem Problem:

„Zum Beispiel kommt Freud aufgrund seiner Beobachtungen zu dem Schluß, daß eine Frau eifersüchtiger sei als ein Mann, und versucht, das angeblich allgemeine Phänomen aus biologischen Gründen zu erklären ... vertritt Freud die Theorie, daß die anatomischen Geschlechtsunterschiede jedes Mädchen unweigerlich dazu veranlassen, einen Jungen um seinen Penis zu beneiden. Später wird ihr Wunsch nach einem Penis in den Wunsch nach dem Besitz eines Mannes, als dem Träger eines Penis, verwandelt. Sie mißgönnt den anderen Frauen ihre Beziehungen zu Männern – oder, genauer gesagt, die Tatsache, daß sie einen Mann haben –, wie sie ursprünglich den Knaben um seinen Penis beneidete. Durch die Aufstellung derartiger Behauptungen unterliegt Freud einer Versuchung seiner Zeit, die darin bestand, Verallgemeinerungen über die menschliche Natur zu machen, die sich auf die ganze Menschheit beziehen, obwohl diese Verallgemeinerung lediglich aus der Beachtung einer einzigen Kulturzone stammt."[1]

Karen Horney stellt die biologische Verankerung in Frage und bringt einen Aspekt ins Spiel, der in damaliger Zeit, die vom Determinismus geprägt war, wenig beachtet wurde, den *kulturellen* Hintergrund. Karen Horney bestreitet nicht, daß Freud richtig beobachtet hat, stellt aber die Begründung für seine wissenschaftliche Theorie in Frage. Die *soziologische* Erklärungsweise, der sie zustimmt, geht davon aus, daß die vaterrechtliche Kultur das Konzept des Privateigentums in die menschliche Geschichte brachte und damit die Frau und die Kinder zum wichtigsten Eigentum des Mannes bestimmt hat. Eifersucht entwickelt sich also aus dem patriarchalen Gesellschaftssystem. Die Frau ist wirtschaftlich abhängig vom Mann und muß um ihre Existenz fürchten, wenn eine andere Frau ins Spiel kommt. Diese soziologische Erklärungsweise versucht jedenfalls, die stärker auftretende Eifersucht bei Frauen zu erhärten.

Auch Ernest Bornemann, deutsch-amerikanischer Psychologe, lehnt die biologische Determiniertheit der Eifersucht ab, wenn er schreibt:

„Die Annahme, daß Eifersucht eine biologische, ‚naturgegebene‘, angeborene Eigenschaft des Menschen sei, ist verfehlt. In mutterrechtlichen Kulturen und in Gesellschaftsformen, in denen weder die Frau als Eigentum des Mannes noch der Mann als Eigentum der Frau aufgefaßt wird, gibt es auch keine Eifersucht."[2]

Noch eine weitere Autorin soll zu Wort kommen, nämlich Betty Friedan, die engagierte amerikanische Psychologin und Schriftstellerin, die in ihrem Buch „Der Weiblichkeitswahn" einen vehementen Protest gegen das Wunschbild von der Frau vom Stapel ließ. Als Mitarbeiterin des Gestaltpsychologen Kurt Levin hat sie speziell sozialpsychologisch gearbeitet und die Freudsche These hinterfragt. Sie setzt sich unter anderem mit dem „Penisneid" der Frau auseinander, der nach Freud, wie gesagt, biologisch die Eifersucht begründen soll. Sie schreibt:

„Zu Freuds Zeit gehörten Kenntnis anderer Kulturen und das Verständnis für kulturelle Relativität noch nicht zum Rüstzeug des Sozialwissenschaftlers. Vieles, was Freud für biologisch, instinktmäßig und unwandelbar hielt, erklärt die moderne Forschung als Folge von spezifischen kulturellen Ursachen ... für Freud waren die Frauen fremdartige, minderwertige und nicht eigentlich menschliche Geschöpfe. Er sah in ihnen kindliche Puppen, die nur durch die Liebe des Mannes lebten, ihn liebten und ihm untertan sein wollten."[3]

Und an anderer Stelle heißt es bei ihr:

„Er (Freud) sah im Neid der Frauen auf die Männer nur eine sexuelle Krankheit ... Er sah, daß Frauen, die insgeheim danach dürsteten, gleichberechtigt mit dem Mann zu sein, nicht gerne seine Objekte sein wollten: und damit scheint er eine Tatsache beschrieben zu haben. Aber bestätigt er, wenn er das Streben der Frau nach Gleichheit einfach als ,Penisneid' abtut, nicht lediglich seine ureigene Ansicht, daß Frauen dem Mann niemals wirklich ebenbürtig sein können?"[4]

Eifersucht ist kein spezielles Problem der Frau

Zusammenfassend will ich einige Gesichtspunkte nennen, die Eifersucht als geschlechtsspezifisches Problem in Frage stellen.

- Daß die Frau den Mann *beneidet*, kann mit ihrer sexuellen Deformierung, wie Freud gemeint hat, nicht erklärt werden. Wir müßten ansonsten annehmen, die Frau sei von Natur aus minderwertiger als der Mann. Dafür gibt es aber in der Wissenschaft keine Anhaltspunkte.
- Eifersucht ist dort am gravierendsten, wo die gesellschaftliche Position des Eifersüchtigen am schlechtesten ist. Wo der Mann nichts oder sehr wenig besitzt, wie unter den Armen Spaniens oder Siziliens, Korsikas und Nordafrikas, wird der Besitz der Frau um so wichtiger und die Eifersucht um so leidenschaftlicher. Alles, was mit der Ehefrau, der Mutter, der Schwester zu tun hat, kann einen geradezu wahnhaften und zwangsneurotischen Charakter annehmen. Der Mann glaubt nicht nur das Recht, sondern auch die Pflicht zu haben, die Frau oder den Mann umzubringen, der den Besitz „entwertet" hat.
- Wo wirklich *Gleichberechtigung* der Geschlechter besteht, fällt die Notwendigkeit des eifersüchtigen Verhaltens fort. Gleichwertigkeit aller, der Mädchen und der Jungen, der Kranken und der Gesunden, der Älteren und der Jüngsten, bietet in der Erziehung eine gewisse Garantie gegen Selbstwertstörungen, Neid, Rivalität, Haßgefühle, Konkurrenzstreben und Eifersucht.
- Das klinische Symptom des *Eifersuchtswahns* tritt bei Männern und Frauen gleich häufig auf. Es handelt sich um Menschen, die oft in ihrer Kindheit ein ungenügendes Maß an Elternliebe empfangen haben. Das Krankheitsbild bezeichnet man als sensitiv-paranoide Symptomatik. Besonders empfindsame, in ihrem Selbstbewußtsein labile und leicht beeinflußbare Menschen mit

einer „dünnen Haut", die dazu beschämende Demütigungen und Schlüsselerlebnisse hatten, neigen zu dieser krankhaften Verhaltensweise.

– Das *Entthronungserlebnis,* das besonders älteste Kinder erfahren, unabhängig davon, ob sie männlichen oder weiblichen Geschlechts sind, fördert in starkem Maß die Eifersucht. Ihr ganzes Leben haben sie mit Neid- und Rivalitätsgefühlen zu kämpfen. Besonders in den biblischen Geschichten von Kain und Abel, von Jakob und Esau und von Josef und seinen Brüdern kommt die Eifersucht der Älteren auf die Jüngeren zum Ausdruck.

– In Mythen, Märchen und Legenden werden häufig die Geschwisterrivalität und die Eifersucht der Geschwister dargestellt. Unabhängig vom Geschehen werden Haß- und Neidgefühle der Ältesten auf die Jüngsten beschrieben. Vor allem im Märchen wird „der Böse" meist durch die *Ältesten* oder Älteren verkörpert, die als eifersüchtig, hart und aggressiv gezeigt werden, während das „Gute" in Gestalt des Jüngsten oder Jüngeren vertreten wird. Der Jüngste – sehr oft als naiv-dumm geschildert – nimmt einen strahlenden Aufstieg. Das Schwache und Gute siegen über das Böse, über das Eifersüchtige.

– Die *Bevorzugung* eines Kindes durch Eltern oder Großeltern kann leidenschaftliche Eifersuchtsgefühle bei benachteiligten Geschwistern hervorrufen. Unabhängig vom Geschlecht können Jungen oder Mädchen haßerfüllt auf Eltern und die bevorzugten Geschwister reagieren. Bevorzugt werden können: Erstgeborene, einzige Mädchen, einzige Jungen, jüngste Kinder, kränkliche Kinder, besonders ersehnte, auffallend hübsche und dem Wesen der Eltern entsprechende Kinder.

– Die amerikanische Psychologin und Schriftstellerin Betty Friedan macht auf eine speziell weibliche Eifersuchtsvariante aufmerksam, ohne aber davon auszugehen, daß Frauen eifersüchtiger seien als Männer. Ja sie glaubt auch, daß dieses *erziehungspsychologisch* begründete Phänomen eines Tages weitgehend verschwindet und diese Form der Eifersucht abgebaut wird.

Sie schreibt:

„Dieses Fehlen eines persönlichen Leitbildes war, glaube ich, lange Zeit der unbekannte Kern des Frauenproblems. Die seltsame, beängstigende Tatsache, daß die Frauen – sei es mit 18, 21, 25 oder 41 – unter Torschlußpanik litten, wird somit viele Jahre von Soziologen, Psychologen, Psychoanalytikern und Pädagogen beobachtet ... Könnte nicht das Entsetzen, das ein Mädchen von 21 packt, wenn sie entscheiden muß, wer sie sein will, einfach das

Entsetzen davor sein, erwachsen zu werden, so erwachsen, wie die Frau es früher nie sein durfte? Es ist meine These, daß der Kern des Problems nichts mit dem Sexuellen zu tun hat, sondern mit der Frage nach der Identität."[5]

Das heißt – nach Betty Friedan:

– Frauen weichen eher der eigenen Identität aus. Sie fliehen in die Ehe und in die Verantwortungslosigkeit, und sie wählen „weibliche Anpassung".

– Den Frauen wird nicht erlaubt, geistig in ihre Rolle hineinzuwachsen und die ihnen als Menschen innewohnende Möglichkeit auszuschöpfen und zu befriedigen.

– Diese Identitätskrise, die jeder Mann durchläuft und die für ihn eine Wiedergeburt bedeutet oder ein neues Stadium der Reife, ist der Frau in der Jetztzeit zum ersten Male in der Geschichte richtig bewußt geworden. Diese Verdrängung grundlegender Bedürfnisse hat Minderwertigkeitsprobleme heraufbeschworen, Neid – und Rivalitätskonflikte verstärkt genährt und die spezielle Eifersuchtsproblematik der Frau verschärft.

– Frauen, die sich dieser Identitätskrise bewußt werden und ihr nicht ausweichen, können diese geschlechtsspezifische Eifersuchtsproblematik bewältigen und zu wirklicher Gleichberechtigung heranreifen. Andere Erziehungskonzepte und Rollenerwartungen werden auch die spezielle Eifersuchtsproblematik der Frau verändern.

– Auch Eifersucht unter Frauen ist, von der Motivation her gesehen, verschieden stark ausgeprägt. Welche Eigenschaften kennzeichnen die Frau, die weniger eifersüchtig ist als andere Geschlechtsgenossinnen? Gibt es wissenschaftlich nachprüfbare Kriterien, die erhellen, was Eifersucht, Neid und Mißtrauen verstärkt? Der amerikanische Professor Maslow hat schon vor einigen Jahrzehnten eine Entdeckung gemacht, die in der sexualwissenschaftlichen Forschung wenig Beachtung fand. Er fand heraus, daß Frauen von starker *Dominanz* psychologisch freier, autonomer und zugleich hingabefähiger sind. Maslow ist der Meinung, „die wenig dominierende Frau war nicht frei genug, sie selbst zu sein, sie war außengeleitet. Je geringer sie sich einschätzte und je mehr sie sich mißtraute, um so wahrscheinlicher war es, daß sie die Ansichten anderer für stichhaltiger hielt als ihre eigenen und den Wunsch hatte, wie die anderen zu sein. Solche Frauen bewundern und respektieren gewöhnlich andere mehr als sich selbst; und Hand in Hand mit vollständiger freiwilliger Unterordnung unter andere gehen Haß, Groll, Neid, Eifersucht, Mißtrauen und Argwohn."[6]

Eifersucht, Mißtrauen und Neid sind Störungen der Persönlichkeit. Der Selbstwert ist herabgesetzt. Die Selbstaktualisierung ist blockiert und gefährdet. Wo aber die Selbstverwirklichung der Frau in Frage gestellt ist, gibt sie ihre Unzufriedenheit und ihre Enttäuschung in Form von Eifersucht, Neid und Mißtrauen weiter und tyrannisiert sich und ihre Umgebung. Dominante Frauen, die nach Maslow „voll herangereift" sind, die sich nicht infantil und minderwertig vorkommen, haben alle Verteidigungsmethoden abgelegt, können sich angstfrei fallenlassen, müssen mit ihrer Liebe keinen Mangel ausgleichen, können ihre Fehler und Mängel akzeptieren, müssen sich nicht von der besten Seite zeigen und erleben bei körperlich-sexuellen Beziehungen größere Befriedigung. Die Dominanz der Frau ist nicht die *Ursache* für stärkere sexuelle Bedürfnisse, sondern Lebensverwirklichung und Selbstverwirklichung, die der Frau Sicherheit und Dominanz verleihen, machen sie zufriedener und stimulieren ihre sexuellen Bedürfnisse.

Frau G. hat eine fixe Idee

Frau G., 44 Jahre alt und 20 Jahre verheiratet, hat sich zur Beratung angemeldet. Ihr brennt ein Problem auf den Nägeln: Ihr Mann *hat* eine Geliebte. Frau G. spricht leidenschaftlich, am Hals tauchen schon nach wenigen Gesprächsminuten rote Flecken auf. Sie sitzt vorn auf dem Stuhl, und ihre Augen funkeln. „Mein Mann sagt, ich sei krankhaft eifersüchtig. Natürlich bin ich eifersüchtig, aber ich habe auch einen Grund dazu. Mein Mann ist anders geworden, seine Liebe zu mir hat auffallend nachgelassen. Ich fühle mich wie eine Bettlerin, wenn ich Zärtlichkeiten haben will. Ich bin ein Nichts. Als Haushälterin wäre ich besser dran. Ich bekäme mehr Geld, mehr Aufmerksamkeit und würde mehr geachtet. Wer läßt sich denn so etwas gefallen? Ich! Weil ich ein Nichts bin!"

Ich: „Und was unternehmen Sie dagegen?"

Sie: „Ständig liege ich ihm in den Ohren. Ich kreische und schreie ihn an. Er meint sogar, daß ich ihn damit quäle."

Ich: „Und wie beurteilen Sie das selbst?"

Sie: „Soll ich mir denn das alles bieten lassen? Er kann mir nichts vormachen. Mir entgeht sowieso nichts. In seinen Augen erkenne ich die Fehltritte schon, bevor er sie begangen hat."

In der zweiten Stunde frage ich sie nach der frühesten Kindheitserinnerung. Sie erzählt:

„Ich erinnere mich noch genau, als mein jüngerer Bruder geboren war. Er lag in einem großen Körbchen, und meine Mutter sprach unaufhörlich in das Körbchen. Ich zog meine Mutter am Rock, trat mit dem Fuß gegen das Gestell und bekam von meiner Mutter eine Ohrfeige. Ich habe ganz schrecklich geschrien, und da fing mein jüngerer Bruder auch an zu schreien."

Ich: „Können Sie Ihr Hauptgefühl an der dichtesten Stelle dieser Erinnerung formulieren?"

Sie: „Der einzige Bruder, Mutters Liebling, wird verwöhnt und vorgezogen. Es ist immer das alte Lied: Männer machen Geschichten. Wir Frauen gucken in die Röhre."

Nach zwei Beratungsgesprächen hat sie ihrem Ehemann die Hölle heiß gemacht, der sich dann auch telefonisch zu Gesprächen anmeldet. Was er sagt, klingt glaubwürdig und überzeugend. Aber er wirkt ratlos.

„Ich kann ihr sagen, was ich will, ich könnte auch zum Fenster hinaussprechen, sie glaubt mir kein Wort. Wie eine angeknackste Schallplatte wiederholt sie den Satz: ‚Du hast dich verändert, du hast eine Geliebte.‘ Ich kann mir nicht helfen. Meine Frau hat einen schrecklichen Minderwertigkeitskomplex."

Ich: „Und wie haben Sie sonst auf die Eifersuchtsvorstellungen Ihrer Gattin reagiert?"

Er: „Meines Erachtens habe ich meine Anstrengungen verdoppelt. Meine Aufmerksamkeit für sie ist stärker denn je. Ich behandle sie schon wie ein rohes Ei. Aber glauben Sie ja nicht, daß ihr das imponiert."

Ich: „Sie sagten, daß Sie Ihre Gattin wie ein rohes Ei behandeln. Was wollen Sie damit zum Ausdruck bringen?"

Er: „Was soll ich sagen, sie hört die Flöhe husten. Aus Kleinigkeiten macht sie ein Mordstheater. Alles und nichts bauscht sie auf. Gehe ich auswärts essen, protestiere ich damit gegen ihre Kochkünste; spreche ich mit meiner Sekretärin, flirte ich durch die Gegend. Schaue ich beim Autofahren in den Rückspiegel, renke ich mir meine Augen nach fremden Weibern aus." Er schaut mich beschwörend an:
„Glauben Sie mir, ich liebe meine Frau. Die saugt sich die tollsten Sachen aus ihren Fingern. Ich kann erklären, was ich will, ich spreche gegen eine gläserne Wand. Sie kann nicht zuhören. Sie will es nicht verstehen. Ich möchte sie nicht für verrückt erklären, aber die hat doch eine *fixe Idee*."

Was gibt der Mann zu verstehen?

– daß die Frau eine *Annahme* zur Tatsache erhoben hat. Seine Frau vermutet nicht nur eine Geliebte, sie glaubt es zu *wissen;*
– daß die Frau – im Sinne einer schöpferischen Gestaltung ihres Lebensstiles – sich an eine Idee klammert, die es in Wirklichkeit nicht gibt;
– daß er seine Frau am liebsten für verrückt erklären möchte, weil die erdachte Geliebte nur in ihrer kranken Phantasie erscheint, aber nicht in Wirklichkeit;
– daß er ihr hilflos ausgeliefert ist und durch ihr eifersüchtiges Verhalten tyrannisiert wird;

- daß die Frau mit ihrer negativen Wahrnehmung Kleinigkeiten aufbauscht und Vermutungen dramatisiert und damit einen ungeahnten Herrschaftsanspruch anmeldet;
- daß er noch nicht erkannt hat, daß die Frau mit ihrem grausamen Spiel ihn, den Ehemann, tyrannisiert und sich unbewußt an ihm für erlittenes Unrecht in der Kindheit rächt.

Was geht in der Frau vor?

Sie unterliegt einer Fiktion

Fiktionen sind – nach dem Philosophen Vaihinger – bewußte oder unbewußte Ideen, die in der Wirklichkeit kein Gegenstück haben, die aber die nützliche Funktion ausüben und uns befähigen, mit der Wirklichkeit etwas besser fertig zu werden. Die Frau benutzt die fixe Idee als Arbeitshypothese für ihren Lebensweg.

Sie ist einer neurotischen Denk- und Verhaltensweise verfallen

Was hebt aber den Neurotiker von seinen Mitmenschen ab? Sein Benehmen, Wahrnehmen, sein Handeln erfolgt nach einem anderen System. Es entspricht nicht dem gesellschaftlich Durchschnittlichen. Seine „private Weltanschauung", seine „private Intelligenz", sein „neurotisches Weltbild", seine „private Landkarte" – Begriffe, wie sie Alfred Adler formuliert hat – heben sich auffallend von anderen Menschen ab. Auch der Eifersüchtige sucht seinen Lebensweg nach seiner privaten Landkarte.

Sie fällt aus dem normalen Rahmen

Um ein Bezugssystem zu erhalten, muß zunächst einmal geklärt werden, wie das entscheidende Kriterium für Normalität lautet. Die Individualpsychologie ist der Meinung, daß Normalität ein *gutes Gemeinschaftsgefühl* beinhaltet. Die Unterentwicklung des Gemeinschaftsgefühls ist in der Adlerschen Therapie der Schlüssel für alle psychischen Störungen – und damit auch für die Eifersucht. Ein gutes Gemeinschaftsgefühl bedeutet, sich gemeinschaftsfördernd zu verhalten, soziales Interesse, Mitmenschlichkeit, Nächstenliebe und ein Verhalten auf der nützlichen Seite des Lebens zu zeigen. Wo diese Einstellung fehlt, sind Denken, Fühlen und Verhalten auf die eigene Person gerichtet. Sie fühlt sich entwertet, im Stich gelassen, zurückgesetzt, nicht ernst genommen und kämpft auf ihre Weise um Überlegenheit und Einfluß.

Sie funktioniert Vermutungen in Tatsachen um

Die Psychologie sagt es unmißverständlich: Wir werden nicht von Tatsachen beeinflußt, sondern von der *Meinung*, die wir über Tatsachen haben. Die persönliche Meinung über Liebe, Partnerschaft und Treue bestimmt das Denken, Fühlen und Handeln. Sie wird zum individuellen Lebens- und Bewegungsgesetz. Wer beispielsweise erlebt oder geglaubt hat, daß der jüngere Bruder vorgezogen wurde, kann seinen Lebensstil mit der Vorstellung belasten: Ich bin nicht genügend liebenswert, ich werde *immer wieder* sitzengelassen, stehengelassen und fallengelassen. Die *Meinung* über Ereignisse und Erlebnisse bestimmt das Verhalten. Die Realität wird mit Hilfe der privaten Logik umgestaltet.

Zum Beispiel:

– Ein Kind mit Angst vor Einbrechern verhält sich so, *als ob* Einbrecher im Hause seien.
– Ein Selbstmörder handelt so, *als ob* das Leben völlig sinnlos sei.
– Ein Einbrecher handelt so, *als ob* das Arbeiten die dümmste Angelegenheit der Welt sei.
– Ein Eifersüchtiger handelt so, *als ob* der Ehepartner fremd ginge.

Sie fühlt sich als Nichts

Was sagt der Ehepartner in der Beratung: „Ich kann mir nicht helfen, meine Frau hat einen wahnsinnigen Minderwertigkeitskomplex."

Mit einer solchen Vokabel können wir wenig anfangen. Wir kleben an einen Menschen ein Etikett und haben ihn klassifiziert – mehr nicht. Wir fragen: Was will die Frau mit ihrem sogenannten Minderwertigkeitskomplex dem Partner und dem Mitmenschen sagen – und zwar bewußt und unbewußt? Welchen Nutzeffekt verbindet sie mit ihrem übersteigerten Minderwertigkeitsgefühl? Vielleicht signalisiert sie uns:

– „Ich bin ein Nichts, du nimmst mich nicht ernst. Andere Frauen sind dir wichtiger. Für andere Frauen hast du mehr Zeit, mehr Energie, mehr Zuwendung, mehr Zärtlichkeit und Liebe übrig."
– „Ich habe erlebt, daß ich *immer wieder* stehengelassen werde, vernachlässigt und benachteiligt werde. Andere werden mir vorgezogen. Du bestätigst meine negativen Erfahrungen, die ich von Kind auf *gemacht* habe."
– „Ich werde dich durch diese Eifersuchtsphantasien zwingen, deinen Bewegungsraum einzuengen und deine Bemühungen um mich zu verdoppeln."
– „Meine Eifersucht wird dir Schuldgefühle erwecken, du könntest mich in der Tat vernachlässigt und zurückgestellt haben."

– „Ich werde dich *quälen*, quälen mit meinen eifersüchtigen Gefühlen, bis du mir den Platz einräumst, den ich will."

Einer der bedeutendsten Adler-Schüler, Rudolf Dreikurs, schreibt über die geheimen Ziele und den *Nutzeffekt*, die der Mensch mit einem Minderwertigkeitskomplex verfolgt:

„Der Ausdruck ‚Minderwertigkeits*komplex*‘ gehört zu einem völlig anderen seelischen Mechanismus als das Minderwertigkeits*gefühl*. Ein entmutigter Mensch kann eine wirkliche oder fingierte Unzulänglichkeit zum Zweck eines besonderen Vorteils benutzen, im allgemeinen als Entschuldigung oder Alibi für Nichtteilnahme oder Rückzug oder als Mittel, besondere Dienstleistungen oder Rücksichtnahmen eingeräumt zu bekommen."[1]

Minderwertigkeitsgefühle sind bis zu einem gewissen Grad allen Menschen gemeinsam. Jeder befindet sich in einer Stellung, die er zu verbessern wünscht. Minderwertigkeits*gefühle* sind keine Krankheit, sie sind vielmehr ein Anreiz zu einem gesunden und normalen Streben und einer normalen Entwicklung. Das Minderwertigkeitsgefühl wird auch von Alfred Adler nicht diskriminiert. Er kann sogar schreiben:

„In diesem Augenblick wird es klar, daß *Menschsein heißt, ein Minderwertigkeitsgefühl zu besitzen, das ständig nach seiner Überwindung drängt*. Die Richtung der gesuchten Überwindung ist ebenso tausendfach verschieden wie das Ziel der gesuchten Vollkommenheit. Je größer das Minderwertigkeitsgefühl ist und erlebt wird, um so heftiger der Drang zur Überwindung."[2]

Der *Minderwertigkeitskomplex* ist eine übersteigerte und fehlerhafte Stellungnahme des Menschen, der nicht in der Lage ist, sein Problem in sozial verantwortlicher Weise zu lösen.

Sie bauscht Bagatellen auf

Ihr Mann sagt es noch treffender: „Sie hört die Flöhe husten." Sie wittert überall Ehebruch und Untreue. Mit überspannter Hellsichtigkeit ortet sie Fallen und Täuschungen und enttarnt Liebesaffären ihres Mannes. Mißtrauisch beobachtet sie jeden Schritt, belauert alle Gespräche und macht sich ihre Gedanken. Ihrer eifersüchtigen Spürnase entgeht nichts. Mit magischer Kraft kann sie „in seinen Augen die Fehltritte erkennen, bevor er sie begangen hat". Sie glaubt eine unbezwingbare Macht über ihn zu haben. Und sie *will* diese Macht auch ausüben. Auch in diesem Verhaltensmuster wird das Machtstreben des Eifersüchtigen deutlich. Weil sie den Partner zwingen will, erfindet sie Verhaltensweisen, die ihn gängeln, lenken, fernhalten, abschließen und sein Denken und Handeln fernsteuern.

Sie steigert ihre Empfindlichkeit

Sie entwickelt ein feines Ohr für alle wirklichen und fiktiven Schwierigkeiten des Lebens. Sie bekommt einen Sinn für Nuancen, für Schattierungen und Halbtöne. Es gelingt ihr, unbedeutende Ereignisse zu dramatisieren, einen Blick zur Nachbarin als heftigen Flirt zu entlarven und hellsichtig Ereignisse vorherzusagen. Empfindlichkeit ist die krankhafte Form von Empfindsamkeit. Der Eifersüchtige ist durch sein Mißtrauen irregeleitet, und mit falsch begründeten Mutmaßungen nährt er seinen zerstörerischen Verdacht. Überempfindlichkeit ist ein charakteristischer Zug des neurotischen Menschen. Er lebt so, *als ob* er in Feindesland wäre. Er muß ständig weiter hören als andere und weiter sehen als andere Menschen. Damit übertreibt er viele Situationen ins Unermeßliche. Seine Überempfindlichkeit wirkt sich als Vor- und Nachempfindlichkeit aus. Er ahnt die Dinge längst, bevor sie geschehen sind, und trägt sie entsprechend lange nach. Er trainiert geradezu auf ein photographisches Gedächtnis, und er behält lückenlos Einzelheiten, die längst der Vergangenheit angehören.

Sie erzählt ihre früheste Kindheitserinnerung

In der frühsten Kindheitserinnerung wird sehr oft das Hauptproblem des Lebens ausgepackt. Ohne es zu wissen, wird von Frau G. die Eifersucht bloßgelegt. Sie war drei Jahre alt, als ihr Brüderchen geboren wurde. Drei Jahre stand sie im Mittelpunkt des Interesses. Zwei Personen spielten für das kleine Kind eine entscheidende Rolle: der Bruder und die Mutter. Es ärgert sie, daß die Mutter mit dem Brüderchen spricht und sich ihm in Liebe zuwendet. Frau G. fühlt sich zurückgesetzt, vernachlässigt und verraten. Eifersuchtsgefühle werden geboren und in den Lebensstil eingebaut. Neidisch geht Frau G. als Kind gegen das schreiende Unrecht vor. Sie stößt mit dem Fuß gegen die Wiege. Mit Händen und Füßen sträubt sie sich gegen die neue Situation und wird dafür auch noch bestraft. Ihr Hauptgefühl kennzeichnet die Lebenseinstellung der Frau G.: „Männer werden vorgezogen. Männer bestimmen die Geschicke der Welt und können machen, was sie wollen. Frauen gucken in die Röhre." Sie rebelliert gegen das Unrecht und *schreit* es heraus. Sie klagt die Mutter, die Welt und Gott an. Und noch heute „kreischt sie und schreit ihren Mann an".

Die Eifersucht spielt in frühkindlichen Erinnerungen eine entscheidende Rolle. Die Geburt von Geschwistern, Rivalität, Streit, Gerechtigkeitsgefühle, Zurücksetzung, Hervorhebung sind uns ein Zeichen von Eifersucht, Mißgunst und Neid.

Die Verantwortung trägt ein anderer

Das Abschieben der Verantwortung auf Personen, Dinge, das Schicksal, auf Eltern oder die Gesellschaft ist ein beliebtes Versteckspiel. Das Abschieben der Verantwortung geht immer zu Lasten anderer. Andere Menschen werden *beraubt,* unsachgemäß beansprucht und zur Unzufriedenheit provoziert.

Das Abschieben der Verantwortung enthüllt aber auch unsere *wahren* Absichten. Und unsere wahren Absichten erkennen wir nur im *Handeln*. Nicht was einer sagt, ist entscheidend, sondern wie er sich *verhält*. Seine edlen Motive und seine guten Absichten sind Makulatur. Der Weg, den die Füße beschreiben, und das, was die Hände tun, enthüllen unsere *wahren* Absichten. Warum schiebt jemand die Verantwortung ab: weil er vielleicht eine prächtige Entschuldigung für Fehler und Schwächen parat hat. Der Mensch kann die verrücktesten Symptome entwickeln und die unglaublichsten Erlebnisse und Erfahrungen für seine Zwecke nutzbar machen. Unsere private Weltanschauung, unsere „private Logik" verarbeitet Erlebnisse und Erfahrungen so, daß sie unserem Lebensstil zugute kommen. Der Mensch wahrt sein Gesicht, und er trägt keine Verantwortung. Schauen wir uns dieses Spiel einmal bei Frau Helma genauer an.

Das Schwarze-Peter-Spiel

Frau Helma ist eine sehr attraktive Frau von 35 Jahren. Und sie weiß das auch. Sie ist das jüngste Kind und hat noch drei Brüder über sich. Ihr „Pappi", wie sie sagt, war von ihr begeistert. Sie stand im Mittelpunkt. Sie wurde angehimmelt. Als einziges Mädchen bekam sie all ihre Wünsche erfüllt. Sie war bis zum 14. Lebensjahr mindestens fünfmal im Jahr krank. Ihre kleinen und großen Krankheiten hob sie besonders hervor.

Sie läßt keine Sekunde ungenutzt, um ein Echo zu produzieren. Sie hat strahlend blaue Augen mit langen schwarzen Wimpern, die

89

sie morgens und abends bürstet. In ihre Zähne hat sie viel Geld und Schmerzen investiert, um ein makelloses Gebiß in Abständen von einer Minute vorzuführen. Sie strahlt alle Menschen wie das vollkommene Glück an, um Anerkennung, Zustimmung und Zuwendung zu ergattern. Sie lebt davon. Sie braucht Zuwendung wie frische Luft. Ja, sie buhlt um diese Zuwendung, wo immer Menschen in ihrer Nähe sind. Schon in der ersten Stunde hat sie mir erzählt, daß sie für wesentlich jünger gehalten wird, für etwa 25. Sie gesteht, daß sich Männer aller Klassen und Altersstufen nach ihr umdrehen. Das sei ihr einerseits sehr peinlich, andererseits schmeichle es ihr, und sie führe einen geheimen Kampf gegen ihre Eitelkeit. Für ihre Eitelkeit könne sie aber nichts. Sie sei etwa zehn Jahre alt gewesen, da habe ihr eine Wahrsagerin auf dem Rummelplatz gesagt, sie würde mal sehr eitel. Das sei eine bittere Pille des Schicksals, die sie schlucken müsse. Sie könne tatsächlich nichts gegen ihre Eitelkeit machen, das sei wie ein Krebsgeschwür – und gegen Krebs sei *man* eben machtlos.

„Ich bin gefangen und machtlos, ich muß so weiterleben. Bitte, ihr Menschen, habt Verständnis für meine entsetzliche Lage – für die ich keine Verantwortung trage." So etwa müßte man Frau Helmas Einstellung umschreiben.

Ein Gesprächsausschnitt mit Frau Helma zeigt sehr schön dieses „Schwarze-Peter-Spiel", das Abschieben der Verantwortung auf andere. Es soll auch den therapeutischen Weg im Gespräch zeigen, wie der Klient zur Erkenntnis seines Fehlverhaltens kommt. Was er nicht am eigenen Leibe erlebt, wird ihn kaum weiterbringen.

Sie: „Mich plagt die Eifersucht schrecklich, ja, sie plagt mich."

Ich: „Sie fühlen sich geplagt, Sie fühlen sich wie ein armes Opfer mißhandelt, kann man das sagen?"

Sie: „Ja, ich werde mißhandelt. Das ist wie ein Kobold, der mir im Nacken sitzt oder im Kopf oder im Herzen, ich weiß es nicht, wo er sitzt."

Ich: „Jedenfalls sitzt da irgendwo bei Ihnen ein Kobold, der Sie quält, der Sie an der Leine hält."

Sie: „Es ist wie eine Macht, die mich gefangenhält, irgendwie muß ich gehorchen."

Ich: „Sie tun alles, was die Macht sagt oder der Kobold."

Sie: „Ich wehre mich mit Händen und Füßen dagegen. Aber ich komme nicht dagegen an."

Ich: „Wenn Sie sich mit Händen und Füßen wehren, wie machen Sie das?"

Sie: „Ja, was mache ich da? Ich stampfe auf. Ich sage: ‚Verdammt noch mal, damit muß ich doch fertig werden!'"

Ich: „Und das imponiert diesem Wesen?"

Sie: „Das ist es ja gerade, das lacht mich aus" (sie verzerrt ihr Gesicht).

Ich: „Das macht sich über Sie lustig, das triumphiert."

Sie: (ballt ihre Hände zusammen und macht Bewegungen, als wenn sie ein Handtuch auswringen wollte)

Ich: „Haben Sie gemerkt, was Sie mit Ihren Händen gemacht haben?"

Sie: „Nein, ich war am Überlegen, was ich wirklich tue. Ich ..."

Ich: „Sie wollten den Kobold erwürgen."

Sie: „Ach ja, ich könnte ihn erwürgen, er ist schließlich für mein Schicksal verantwortlich. Ich bin ihm ausgeliefert."

Ich: „Sie sind ihm willenlos ausgeliefert."

Sie: „Manchmal komme ich mir so vor."

Ich: „Nicht immer."

Sie: „Nein, nicht immer. Manchmal kann ich diesen Quälgeist ganz schön abschütteln. Ich beachte ihn einfach nicht."

Ich: „Und er läßt sich das gefallen. Ich meine, wenn Sie ihn nicht beachten."

Sie: „Er hält still, er sagt nichts. Glaube ich jedenfalls."

Ich: „Er ist vielleicht müde und abgekämpft."

Sie: (lacht) „Oder ich bin müde und abgekämpft."

Ich: „Könnte es sein, daß, wenn Sie müde und abgekämpft sind, dann auch dieser Kobold schwach ist?"

Sie: „Es kommt mir so vor. Ich muß darüber nachdenken. Im Augenblick kann ich es nicht genau sagen, oder doch. Wissen Sie, wenn mich so eine Unruhe packt, wenn ich in die Stadt muß, um gesehen zu werden, dann wird auch der Kobold aktiv. Er aktiviert mich, er treibt mich. Habe ich die Nase voll, hat er auch die Nase voll."

Ich: „Es ist also gar kein mächtiger Kobold, sondern ein harmloser Papagei."

Sie: (lacht) „Ein Papagei, der alles nachplappert. Hm, der macht, was ich will (Pause). Aber das ist ja furchtbar."

Ich: „Wieso ist das furchtbar?"

Sie: „An einen Papagei habe ich nie gedacht. Der Papagei, das bin ich ja selbst. Aber ich kann doch nicht mein eigener Papagei sein. Ich spreche ihm vor, und er ahmt mich nach. Dann bin ich ja alles selbst." (Sie schaut starr und nachdenklich aus dem Fenster.)

91

Ich: „Und wenn Sie tatsächlich alles selbst sind, der Kobold und der Papagei, was ist dann?"

Sie: „Ich wage mir das gar nicht einzugestehen. Dann bin ich ja gar nicht gefesselt, denn der Papagei kann mich doch gar nicht an die Kette legen. Dann tue ich ja alles selbst!"

Eitelkeit und eifersüchtiges Konkurrenzstreben

Frau Helma war vor zehn Jahren einmal verheiratet, und zwar mit einem Mann, der sie anhimmelte, wie sie sagte. Er war Schauspieler am Theater und legte allem Anschein nach großen Wert auf eine Frau, mit der er sich sehen lassen konnte.

Als ich sie nach dem Scheidungsgrund fragte, den ihr Mann ihr gesagt hätte, gestand sie:

„Es war furchtbar für mich zu hören – ich habe bis heute den Vorwurf nicht vergessen –: ‚Du bist wie ein Theaterstück mit schöner Dekoration, aber ohne Inhalt. Du bist eine Larve – mehr nicht.'"

Der Mann war sieben Jahre älter als sie. Die Verbindung hielt knapp zwei Jahre, Kinder hatten sie keine und wurden „einvernehmlich" geschieden. Der Mann konnte sich zwar mit der Frau sehen lassen, ansonsten verband sie nichts. Die Eheleute hatten keine Gemeinsamkeiten, führten keine Gespräche und verstanden sich auch sexuell nicht. Ziemlich kleinlaut hörte sich das bei ihr so an: „Bei ihm war ich permanent frigid."

Am stärksten hatte sie unter ihrer bildungsmäßigen Unzulänglichkeit gelitten. Sie sagte:

„Ich habe mir Bücher über Theaterwissenschaft aus der Bibliothek geliehen, um mitreden zu können. Wenn ich reden wollte, hatte ich einen Kloß im Hals."

Einem so gebildeten Menschen habe sie nicht das Wasser reichen können. Sie sei immer schweigsamer geworden, um nichts Falsches zu sagen. Er habe sie nach ihrer Meinung gefragt, sie habe nicht antworten wollen. Sie sei eben eine Null und durch und durch dumm. Leider sei ihre Schulbildung auch eine einzige Katastrophe. Die Eltern hätten sie geschont und ihr keine Anstrengungen zugemutet. Besonders der Vater habe sie ständig in Schutz genommen und sie am ernsthaften Arbeiten gehindert. Sie sagte ernsthaft:

„Mein Pappi wollte nicht, daß ich eine verkrüppelte alte Jungfer würde, die sich mit Schulwissen das Leben versauert." Heute habe sie kein gutes Verhältnis mehr zum Vater, weil sie sich von ihm betrogen sehe, und mache ihm auch seine Weichheit und Nachgiebigkeit zum Vorwurf.

Heute arbeite sie in einem Büro als Angestellte. Sie fahre viel zu teure Wagen und leiste sich viel zu teure Kleider. Im Büro habe sie im letzten Jahr mindestens zwei Monate „blau gemacht".

Das Hauptproblem ist Frau Helmas *Eitelkeit*.

Eitelkeit ist eine Form von Ehrgeiz. Eitelkeit und Ehrgeiz sind aber Symptome der Eifersucht. Der Mensch will mit anderen konkurrieren, um besser und überlegener zu sein. Übertriebene Eitelkeit und eifersüchtige Konkurrenz sind Anzeichen einer völlig verfehlten Lebenseinstellung. Sie raubt dem Menschen seine Unbefangenheit, bringt ihn um die wahren menschlichen Genüsse, um Lebensfreude und Glück.

Frau Helma will hübscher, attraktiver und begehrenswerter als andere Frauen sein. In diesem Konkurrenzbemühen *macht* sie sich unnatürlich. Sie will angehimmelt werden wie ein Star. Ihr Mann hat sie angehimmelt. Und mit welchem Erfolg? Mit ihrer Eitelkeit hat sie sich alle Wege verbaut. Die Eitelkeit ist ein so überspanntes Geltungsstreben, die hohe innere Spannung bewirkt. Die Spannung macht sie unfrei. Ständig ist sie mit sich und ihrer Wirkung auf andere beschäftigt. Sie muß Eindruck machen und kann nicht sein, wie sie ist.

Diese ständige Falschspielerei zerstört die Partnerschaft. Ihre Gemeinschafts- und Kommunikationsfähigkeit ist gleich Null. Frau Helma *versagt* in der zwischenmenschlichen Beziehung total. Zu gemeinsamen Gesprächen, zu Freundschaften und zur erfüllten sexuellen Liebe ist sie nicht fähig. Sie kann dazu auch nicht fähig sein, weil sie selbst ihre sexuellen Bedürfnisse und Gefühle der eifersüchtigen Konkurrenz unterstellt hat. Ihre übersteigerte Selbstbeobachtung, ob sie wohl ankommt und genügt, verhindert eine Erfüllung.

Frau Helma hat keine Freude, keine Freunde, keinen liebevollen Partner und wird von ihren Kollegen abgelehnt. Sie ist völlig einsam und oft verzweifelt. Resignation und Gedanken an Selbstmord sind die *logischen Folgen*. Sie ist wie eine Aussätzige – und das Gegenteil hat sie bezwecken wollen.

Frau Helma übernimmt die Verantwortung

Das Gespräch über den sogenannten Kobold bringt im beraterischen Ablauf die Wende. Frau Helma erfährt sich plötzlich als jemand, der nicht einem ominösen Fabelwesen *ausgeliefert* ist, der nicht manipuliert, gesteuert und drangsaliert wird, sondern der sein Leben selbst gestalten kann. Sie muß nicht Befehle ausführen und glaubt nicht mehr an ihr Marionettendasein, Befehlsempfänger zu sein. In einer Auseinandersetzung mit dem „selbst aufgeblasenen Zwerg" erfährt sie sich verantwortlich für ihre Eifersuchtsproblematik.

Frau Helma hat erkannt, daß sie das Spiel „Du bist schuld" mit immer neuen Varianten gespielt hat. Die Sache mit dem Kobold war eine Geschichte. Sie benutzte sie als Flucht in die Verantwortungslosigkeit – ohne sich über den Fluchtcharakter Rechenschaft abzulegen. Jetzt lernt sie, sich selbst zu verwirklichen, ihr Erwachsenen-Ich zu benutzen und nicht den anderen den „Schwarzen Peter" zuzuschieben.

Im Lauf der Beratung hat mir die Klientin einige Male die Geschichte mit der Wahrsagerin erzählt. Ihr selbst ist es nicht aufgefallen. Sie ließ auch durchblicken, daß sie diese Geschichte, die sie sehr beeindruckt hat, vielen Menschen schon erzählt hat. *Wozu?* Dieser unbewußte Kunstgriff erlaubt es ihr, sich von der Verantwortung ihrer krankhaften Eifersucht zurückzuziehen. Ein undurchschaubares Schicksal hat sie dazu verurteilt, daß sie eifersüchtig werden muß – und „nichts dagegen machen kann". An allen entscheidenden Stellen ihres Lebens will sie demonstrieren: „Ich trage für mein Schicksal keine Verantwortung."

Schon in der ersten Sitzung fällt der Satz: „Mich plagt die Eifersucht." Was drückt eine solche Formulierung aus?

Der Gestalttherapeut Fritz Perls hat dazu eine gute Charakterisierung geliefert:

„Sieh dir den Unterschied an zwischen den Worten ‚ich verspanne mich' (ich gebärde mich eifersüchtig – Einfügung des Autors) und ‚da ist eine Verspannung' (mich plagt die Eifersucht). Wenn du sagst, ‚ich fühle eine Verspannung', dann bist du unverantwortlich, du bist für das nicht verantwortlich, du bist impotent, du kannst nichts dagegen tun. Die Welt soll etwas tun – dir Aspirin geben oder sonst etwas. Aber wenn du sagst, ‚ich verspanne mich' (ich gebärde mich eifersüchtig), dann übernimmst du die Verantwortung dafür." [1]

Frau Helma ist das jüngste Kind, einziges Mädchen, und wurde sehr verwöhnt, besonders vom Vater. Diese Verwöhnung förderte ihre Verantwortungslosigkeit. Sie wollte haben, aber nicht geben. Sie wollte sich produzieren, aber nichts dafür leisten. Im Lauf der Zeit entwickelte sie Allüren, um ständig Beifall zu erheischen.

Sie entdeckte in ihrer Kindheit und Jugend, daß Krankheit und Kranksein ein einträgliches Geschäft sein können. Sie ist entschuldigt, denn die Krankheit kann man nicht fabrizieren und sich einbilden. Lasten werden ihr abgenommen. Von Pflichten wird sie entbunden. Sie ist krank und kann keine Aufgaben bewältigen. Sie stellt maßlose Forderungen, und die andern tragen die Verantwortung.

Mit der Übernahme der Verantwortung geht eine Umstellung ihrer Lebensart einher. In den Beratungen kommt ihre aufwendige und zur Schau gestellte Lebensführung zur Sprache. Der zu teure Wagen und die luxuriösen Kleider sind Symptome, die eine falsche Lebensgrundeinstellung verraten. Sie will Männern etwas *vormachen*, sie will ihre eingebildete Dummheit *vertuschen*. Bei zwei weiteren Männerbekanntschaften erlebt sie zu ihrem Bedauern, daß sie nicht halten kann, was sie versprochen hat. Jedesmal wird sie von Verzweiflung gepackt, stürzt sich in Depressionen und spielt mit Selbstmordabsichten.

Immer wieder wird sie mit der Frage konfrontiert: Will ich Frauen und Männern *imponieren* oder einen Mann finden, mit dem ich ein gemeinsames Leben führen will?

In ihrer Einstellung zur Arbeit zeichnet sich ebenfalls eine Lebensstiländerung ab. Im Jahr der Beratung hat sie acht Tage krank gefeiert. Ihr ist deutlich geworden, daß sie früher ihre Wehwehchen gepflegt hat. Jedesmal kam ihre Mutter zu ihr und betreute sie so lange, bis sie wieder voll einsatzfähig war. Sie erwähnte, daß niemals eine Kollegin oder ein Kollege sie besucht hätten. Wahrscheinlich hätte niemand so recht an ihre Krankheit geglaubt.

Als ihr Vater Geburtstag hatte, besuchte sie ihn das erstemal wieder. Sie hatte den Kontakt abgebrochen, weil sie ihn in erster Linie für ihre Misere verantwortlich machte. Der Vater hatte sie „geschont", ihr keine „Mühen zugemutet". Der Vater hatte ihr die Schulbildung vermasselt und ihr Leben verpatzt. Daß er ihr jeden Monat noch – wortlos – einen Scheck auf ihr Konto überwies, schob sie seinem „schlechten Gewissen" in die Schuhe. Der wieder geknüpfte Kontakt zum Vater war ein sichtbares Zeichen für ihre Selbstverantwortung, die sie zu tragen bereit war.

Die schönste Bestätigung für ihre Lebensstiländerung erfährt sie kurz vor Weihnachten, nachdem sie bereits ein Jahr an sich gearbeitet hatte. Der Personalchef der Behörde bittet sie zu sich und überträgt ihr die Leitung für eine kleine Abteilung mit vier weiteren Mitarbeitern. Sie *erlebt*, daß ihr Bestätigung und Anerkennung zuteil werden. Sie ist fähiger, als sie von sich geglaubt hat. Und sie *muß* sich nicht mehr *herausstreichen*, um überhaupt gemocht zu werden, wie sie anfänglich zu verstehen gab.

Frau Helma ist heute *selbst* davon überzeugt, daß wir für alles verantwortlich sind, was in uns vorgeht; daß wir die Vorgänge bestimmen, daß wir unseren Körper, unseren Geist, unsere Gedanken und Empfindungen benutzen, um unsere verborgenen Ziele zu erreichen. Wir sind in einem Konflikt nicht die *Opfer*, sondern die *Handelnden*.

Wenn die Eifersuchtsvorstellungen auf die Spitze getrieben werden

Frau G. hat sich telefonisch für einige Beratungsgespräche angemeldet, weil sie sich „von Eifersucht aufgefressen" fühlt. Sie verstehe es, ihre Ehe zur Hölle zu machen. Ihren Mann traktiere sie mit ihren „teuflischen Befürchtungen". Sie habe den Ausdruck nicht erfunden, er sei der Lieblingsausdruck ihres Mannes. Auf die Frage, wie sie ihr Problem selbst sehe, sagt sie:

„Ich kann nicht anders, er hat so flinke Augen. Er sieht jede Schürze, ihm entgeht nichts, das macht mich krank. Ein Spaziergang mit ihm ist ein Leidensweg. Ich tyrannisiere ihn dann, wie er sagt, und das macht mich fertig. Ich habe jedesmal ein schlechtes Gewissen und quäle mich mit Schuldgefühlen. Mit allen Mitteln *kämpfe* ich gegen die Eifersucht an. Gelegentlich gelingt es mir, sie für Tage unter die Füße zu bekommen. Ich weiß, die Eifersucht richtet meine Ehe zugrunde. Im Innern bin ich völlig zerrissen. Auf der anderen Seite *will* ich glauben, daß er treu ist, auf der einen kann ich es nicht. Ich *zwinge* mich, ihm zu glauben. Aber ich fürchte, ich habe so einen erbärmlich schwachen Willen, daß man nur Erbarmen mit mir haben kann. Und schon fürchte ich mich vor dem nächsten Eifersuchtsanfall."

Offensichtlich macht Frau G. einen Fehler. Schauen wir uns den inneren psychodynamischen Prozeß etwas genauer an.

Der Kampf verstärkt das Symptom

Das ist eine psychologische Erkenntnis. Im täglichen Leben handeln wir leider anders. Wir *kämpfen*, wir *zwingen* uns, wir ziehen gegen uns zu Felde. Leider ist der Erfolg kümmerlich. Die Symptome blühen und gedeihen. Der Mensch verstrickt sich in einen nutzlosen und gefährlichen Kampf. Er will sich beherrschen. Je mehr er sich aber bemüht, desto erfolgloser sein Kampf. Schließlich gibt er völlig entmutigt auf, läßt die Flügel hängen und ist von seiner innewohnenden Willensschwäche überzeugt.

Bei Schlafstörungen wird das beispielsweise besonders deutlich. Je mehr der Mensch sich zwingt, einschlafen zu müssen, desto weniger wird an Schlaf zu denken sein.

Mit der Gesundheit ist es nicht anders. Was geschieht, wenn man sich zuviel um die Gesundheit kümmert? Im selben Augenblick ist man auch schon krank. Denn im gleichen Augenblick leidet man an der Krankheit *Hypochondrie*, unter einer ängstlichen Selbstbeobachtung, Krankheitsbefürchtung und Krankheitseinbildung.

Rudolf Dreikurs bestätigt unsere Auffassung, wenn er schreibt: „Die Folgen, die sich für das Alltagsleben daraus ergeben, sind weittragend. Viele unserer Mängel sind das direkte Ergebnis der Gewalt, die wir fälschlich gegen uns anwenden. Alle neurotischen Symptome werden ausgelöst und erhalten, indem wir sie bekämpfen. Denn wir steigern alles, was wir in uns zu bekämpfen suchen."[1]

Die Symptome hat sich der Mensch unbewußt zugelegt. Wie sollte es ihm da gelingen, sie mit Zwang, starkem Willen und mit ständigem Dagegenankämpfen zu besiegen.

Was soll der Kampf bezwecken?

– Frau G. schildert, daß sie nach jedem Kampf – bei dem sie unterlegen ist – mit einem schlechten Gewissen und mit Schuldgefühlen reagiert. „Schuldgefühle sind die guten Absichten, die wir nicht haben", sagt Alfred Adler. Schuldgefühle demonstrieren in der Tat gute Absichten. Sie machen auf den Partner, auf den Produzenten selbst, vielleicht auch noch auf andere einen guten Eindruck. Sie dokumentieren, daß man sich Mühe gibt. Schuldgefühle verdecken unsere wahren – unverstandenen – geheimen Absichten. Den meisten Menschen ist es lieber, sich Schuld einzugestehen, als ihr Verhalten zu ändern.

– Frau G. beruft sich auf ihren „erbärmlich schwachen Willen". Die Individualpsychologie geht uneingeschränkt davon aus, daß sich die wahren Absichten in den Handlungen zeigen. Jeder Mensch ist fähig, zu erkennen, was er zu tun wünscht, was er beabsichtigt hat, welche *eigentlichen* Ziele er verfolgt – wenn er seine Handlungen anschaut. „An ihren Früchten werdet ihr sie erkennen", sagt schon die Bibel. Die Taten zählen, nicht unsere Scheinkämpfe und der vorgetäuschte Wille. Für einen „erbärmlich schwachen Willen" tragen wir gar keine Verantwortung. Er ist in uns verankert, ist ein Stück Natur und Veranlagung, das wir hinnehmen müssen. Frau G. wirft daher auch mit der Wurst nach dem Schin-

ken, wenn sie sagt: „Aber ich fürchte, ich habe einen so erbärmlich schwachen Willen, daß man nur Erbarmen mit mir haben kann." Der Klient muß mit der Konsequenz solchen Denkens konfrontiert werden. Für Frau G. bedeutet es:
Sie hat ihren guten Willen gezeigt, zu mehr reicht es nicht. Der Rest ist Erbarmen, das sie von ihrer Umgebung erbittet. Die Folge: Sie kann weitermachen wie bisher.
– Frau G. fürchtet sich vor dem nächsten Eifersuchtsanfall. Ihre Befürchtungen kennzeichnen wir mit dem Begriff *Erwartungsangst*. Die Angst vor der Angst – nämlich wieder einen Eifersuchtsanfall zu bekommen – verstärkt selbstverständlich das Symptom. Die Angst wird zur Mutter des Geschehens. Die Rolle der Erwartungen und Befürchtungen sind unsere stärksten und seltsamsten Motivierungskräfte. Wir handeln entsprechend unseren Erwartungen. Die Erwartungen formen unsere geheimen, verdeckten und unverstandenen Absichten, die unser Tun bestimmen. Es ist daher völlig uninteressant, ob wir mit Angst und Widerwillen oder mit Vergnügen zukünftige Erlebnisse ins Auge fassen. Wenn wir sie erwarten, bewegen wir uns auf sie zu.

Eine wirksame therapeutische Methode

Einige psychotherapeutische Richtungen haben sich mit dem Problem des Kampfes gegen ein Symptom beschäftigt und sind zu einem erstaunlichen Ergebnis gekommen.

Die Störungen lassen nach, wenn der Klient oder Patient dazu gebracht werden kann, seine Symptome zu *verstärken*. Rudolf Dreikurs nennt seine therapeutische Technik „Antisuggestion", Viktor E. Frankl nennt sie „paradoxe Intention", und der Amerikaner Knight Dunlap spricht von „negativer Praxis". Alfred Adler hat wissenschaftliche Termini vermieden und schlicht von „Übertreibung" gesprochen. Das Prinzip ist im wesentlichen das gleiche und zeigt, welche immense Macht wir über unsere Funktionen ausüben können, wenn wir sie zu handhaben lernen. Indem wir das *Gegenteil dessen tun*, was wir üblicherweise getan haben, lassen die Komplikationen nach, und die Macht des Symptoms ist gebrochen.

Alfred Adler demonstrierte seine Technik an einem elfjährigen Mädchen, das sehr ehrgeizig ist und an der Spitze stehen will, das seine Familie *beherrscht* und ständig seine Umgebung in Aufregung versetzt. Er schreibt:
„Durch Übertreibung würde ich hier die Neigung zu dieser Maß-

nahme verderben. ‚Du mußt unausgesetzt einen Radau machen, um deine Leistungen und die Wichtigkeit deiner Person hervorzuheben, denn es wäre für dich scheinbar zu schwer, dich allein nur auf nützliche Weise in den Mittelpunkt zu versetzen.' – Es gibt hundert Methoden, die dazu geeignet sind, wie Kaus sagt, ‚das gute Gewissen zu verderben'. ‚Schreibe mit großen Buchstaben auf einen Zettel und hänge ihn über dein Bett: An jedem Morgen muß ich meine Familie in größte Spannung versetzen.' Sie würde bewußt, aber mit schlechtem Gewissen das machen, was sie früher unverstanden, aber mit gutem Gewissen gemacht hat."[2]

Da bei der Klientin auch die *Erwartungsangst* eine große Rolle spielt, muß sie in den therapeutischen Prozeß miteinbezogen werden. Besonders die Logo-Therapie Viktor E. Frankls versucht, mit der paradoxen Intention die Folgen der Erwartungsangst zu unterlaufen. Frankl schreibt:

„Vorhin hieß es: Die Furcht verwirklicht auch schon, was sie fürchtet – der zu intensive Wunsch verunmöglicht auch schon, was er so sehr herbeiwünscht. Das macht sich die Logo-Therapie insofern zunutze, als sie versucht, den Patienten dazu anzuleiten, gerade das, wovor er sich so sehr fürchtet, wenn auch nur für Bruchteile von Sekunden, zu intendieren, also paradoxerweise sich zu wünschen bzw. sich vorzunehmen. Zumindest gelingt es dann, der Erwartungsangst den Wind aus den Segeln zu nehmen."[3] Wie Erwartungsangst das Symptom verstärkt, macht eine kleine Begebenheit deutlich, die ich in der Beratung erlebte.

Eine Klientin mit hypochondrischen Zügen erzählte mir, daß sie sich ein Gerät zum Blutdruckmessen gekauft habe. Sie habe in einer Illustrierten gelesen, daß besonders dicke Menschen verstärkt unter Bluthochdruck litten, daß die Hypertonie (Bluthochdruck) die koronare Arteriosklerose verschlimmere und daß es in der Bundesrepublik mindestens 6,5 Millionen Hypertoniker gebe. Die Sterbeziffern hätten sich seit 1967 erheblich verstärkt, und sie mache sich darüber ernsthaft Gedanken. Sie habe das Gerät etwa vier Monate, und sie müsse die bittere Erfahrung machen, daß der Blutdruck tatsächlich erheblich gestiegen sei. Zweimal in der Woche nehme sie mit „nicht geringer Angst" das Gerät in die Hand und prüfe.

Die Erwartungsangst verstärkt das Symptom. Ihre Befürchtungen erfüllen sich. Sie *macht* Erfahrungen. Eine verstärkte Selbstbeobachtung lockt das Symptom geradezu hervor. Wer sich intensiv genug davor fürchtet, rot zu werden, der wird rot. Der treibt sich förmlich die Röte ins Gesicht. Der Mensch ist in der Tat der Vater des Gedankens, und die Furcht ist die Mutter des Geschehens.

Worauf basiert die Wirkung der Übertreibung?

Frau G. berichtet mir, daß sie abends nach dem Essen regelmäßig Auseinandersetzungen mit ihrem Mann habe. Sie ist selbst der Meinung, es handele sich nur um Bagatellen.

Ich: „Können Sie mir die Bagatellen etwas näher schildern?"

Sie: „Ich muß mal überlegen. Ja, ich werfe ihm vor, daß er das große Los gezogen hat. Er darf jeden Tag zur Arbeit gehen. Er hat eine interessante Tätigkeit. Er hat die Anzeigenleitung der Zeitung unter sich. Was habe ich? Ich mache unnütze Arbeit, bin eine Putzfrau, die ganze Unzufriedenheit werfe ich ihm dann an den Kopf."

Ich: „Und er?"

Sie: „Er liest seine Zeitung, guckt eben mal hoch und sagt: ‚Du hast's schwer.' Und liest weiter. Jeden Abend ist irgend etwas. Gestern abend haben wir uns gestritten, weil er gesagt hat, ich müsse mit dem Essen vorsichtiger sein, ich passe sonst nicht mehr in den Pelzmantel 'rein, den er mir kaufen wolle."

Ich: „Er will Ihnen ein kostbares Geschenk machen, und Sie fangen einen Streit an."

Sie: „Ich habe mich anschließend auch wahnsinnig geärgert. Schließlich war es so weit, daß er sein Angebot mit dem Pelzmantel rückgängig machen wollte."

Ich: „Sie haben mir zwei sogenannte Bagatellen genannt. Wie beurteilen Sie selbst diese Streitanlässe?"

Sie: „Ich muß einfach streiten, und schon ist es passiert. Anschließend bin ich unzufriedener als vorher."

Um den abendlichen eifersüchtigen Ehestreit – denn um einen solchen handelt es sich offensichtlich – zu unterlaufen, spreche ich mit der Klientin ein „Spiel" durch. Allerdings bitte ich sie, das Spiel *nicht* zu machen, wenn sie es nicht ernstlich betreiben will. Acht Tage lang soll sie jeden Abend nach dem Abendessen, wenn Mann und Frau im Wohnzimmer sitzen, mit ihrem Gatten streiten. Sie nimmt sich vor, einen beliebigen Anlaß zu erfinden und rücksichtslos vom Leder zu ziehen. Ich habe ihr geraten, alle Frauen, mit denen ihr Mann umzugehen pflegt, an den Streitabenden mit Worten einzeln in der „Luft zu zerreißen". Sie dürfe ihm an diesen Abenden gräßlich ihre Unzulänglichkeit, ihre Minderwertigkeit und ihr Putzfrauendasein um die Ohren schlagen. Sie solle mit Worten nicht sparen und ihn richtiggehend „fertigmachen".

Selbstverständlich ist der Ehemann in das Spiel eingeweiht. Er weiß um den Spielcharakter.

In der nächsten Sitzung berichtet die Klientin von ihren Erfahrungen. „Wir haben uns in der Woche – zum erstenmal in unserer Ehe – nicht streiten können. Wir haben gealbert, haben versucht, einen ernsten Streit auf die Beine zu stellen – es klappte einfach nicht."

Wo liegt das Geheimnis?

Warum geht ein ehrlich beabsichtigter Streit aus wie das Hornberger Schießen?

Übertreibung stumpft ab

Alles, was wir übertreiben, hängt uns eines Tages zum Hals heraus. Stellen Sie sich vor, Sie essen gern Schlagsahne. Sie bekommen jetzt aber vor und nach jeder Mahlzeit Schlagsahne zu essen. Es ist vorstellbar, daß Sie geradezu eine Allergie entwickeln. Sie haben sicher schon bemerkt, wenn wir Kindern sagen: „Du bekommst aber nur ein kleines Schälchen von den süßen Erdbeeren, mehr haben wir leider nicht", daß diese Ankündigung enorm den Appetit steigert. Die Vorstellung, ich bekomme nicht genug, reicht aus, um die Begehrlichkeit heraufzusetzen. Übrigens eine hervorragende Idee, schlecht essende Kinder wieder zu vernünftigen Essern zu erziehen. Teilen Sie alles ein, kaufen Sie nur kleinste Portionen, und kochen und servieren Sie ebenfalls nur kleine Appetithäppchen. Der Appetit steigert sich, wenn die Schüsseln leer sind.

Humor und Ironie verkleinern

„Humor ist, wenn man trotzdem lacht." In der Übertreibung liegt eine Form der Selbstverspottung. Wenn der Klient *erlebt*, daß er von Herzen über seine Verhaltensweisen lachen kann, ist der Bann gebrochen. Besonders bei *zwangsneurotischen* Symptomen ist der Humor eine unschätzbare Hilfe zum Abbau eines quälenden Symptoms. Viktor E. Frankl schildert in einem seiner Bücher einen Arzt, der sofort mit zittrigen Händen dasteht, wenn der Professor den Operationssaal betritt. Das Zittern verschlimmert sich, so daß er sogar zittert, wenn er jemandem Feuer gibt. Als er allerdings eines Tages im fahrenden Zug, der rüttelt, schüttelt und zittert, Feuer geben soll, hat er eine ausgesprochen ruhige Hand. Der Beweis ist erbracht. Die Furcht allein, die Angst vor der Angst hat das Zittern bewirkt. Die Heilung seiner Zitterfurcht liegt in der *Bejahung* des Symptoms. Er wird nicht mehr gegen das Symptom ankämpfen, sondern dem Professor zeigen, daß er ihm auch was vorzittern kann. Viktor E. Frankl schreibt:

„Dem werde ich es schon zeigen, wie ich zittern kann – und im gleichen Augenblick war alles Zittern auch schon verschwunden. Anstelle der Furcht war der Wunsch getreten, *der heilsame Wunsch.* Selbstverständlich ist solch ein Wunsch nicht ernstlich und endgültig gemeint, aber es kommt ja nur darauf an, daß man ihn einen Augenblick lang hegt; der Patient lacht in sich hinein, im gleichen Augenblick, und hat das Spiel gewonnen. Denn *dieses Lachen, aller Humor, schafft Distanz,* läßt den Patienten von seiner Neurose und den neurotischen Symptomen sich distanzieren. Und nichts vermöchte einen Menschen in solchem Maß instand zu setzen, Distanz zu schaffen zwischen irgend etwas und sich selbst, wie eben der Humor. Durch ihn lernt der Patient am ehesten noch, seine neurotischen Symptome irgendwie zu ironisieren und schließlich auch zu überwinden."[4]

Martin Luther hat um die befreiende Macht des Auslachens gewußt, als er schrieb:

„Das beste Mittel, den Teufel auszutreiben, ist, ihn auszulachen."

Eifersucht und Platzangst

Eifersucht wird von vielen Menschen erfahrungsgemäß wenig positiv eingeschätzt. Der Eifersüchtige ahnt es und versucht, mit unbewußter Produktion verschiedenster Symptome seine Eifersucht zu verdecken. *Ein* Weg, um eifersüchtiges Verhalten zu kaschieren, ist Platzangst.

Er schaut anderen Frauen nach – Ein Fallbeispiel

Frau S., ältestes Kind von drei Geschwistern, ist sehr eifersüchtig, und zwar „von der Kindheit an", wie sie in der Beratung berichtet. Sie wirkt gutmütig mit einem Schuß Dümmlichkeit, die allerdings auch gespielt sein kann. Frau S. wurde als Kind von ihrem zwei Jahre jüngeren Bruder erfolgreich an die Wand gespielt. Der Bruder war ein richtiges Schlitzohr. Er führte seine ältere Schwester ständig an der Nase herum, nutzte geschickt seine Vorteile als jüngerer Bruder und spielte der älteren Schwester ständig den „Schwarzen Peter" zu. Sie entwickelte starke Minderwertigkeits- und Unterlegenheitsgefühle und verlor zusehends den Mut, die Lebensaufgaben anzupakken. Mit zehn Jahren litt sie wiederholt an Ohnmachtsanfällen, die sie sich auch nicht erklären konnte. Sie weiß lediglich, daß vieles nicht so lief, wie sie es sich vorgestellt hatte. Die Mutter war ängstlich, weich und nachgiebig und nahm viel Rücksicht auf das älteste Kind. Frau S. schildert, daß sie mit zwölf Jahren eine merkwürdige Körperstarre oder Lähmung in den Gliedmaßen gehabt habe, und zwar als sie ein Vierteljahr vor dem Zeugnis fast mit Sitzenbleiben gerechnet habe. Sie habe keinen Fuß vor den anderen setzen können, der Arzt, ihre Eltern und Geschwister seien völlig ratlos gewesen. Einige Monate habe sie zu Hause verbringen müssen. Es sei eine harte Zeit gewesen, da sie mit Freunden nicht habe spielen können und ans Haus gefesselt gewesen sei.

Sie hat die Beratung aufgesucht, weil sich seit einem halben Jahr *Platzangstsymptome* eingestellt hätten, die sie schwer beunruhigten. Ein Nervenarzt habe ihr Valium gegeben, das mache sie nur müde und schläfrig. Sie rege sich zwar dann nicht mehr so auf, aber die Angst, das Haus nicht mehr allein verlassen zu können, habe sich mit keinem Deut gebessert. Ihr Mann ist Lehrer an einer Berufsschule und unterrichtet ältere Mädchen, die ihn zwischendurch auch anrufen und auf der Straße grüßen.

Sie mögen Herrn S. sehr, weil er sehr hilfsbereit und entgegenkommend ist. Seiner Frau sind diese Vorgänge ein Dorn im Auge. Sie vermutet, daß ihm seine „Weichheit" und „teuflische Nachgiebigkeit", wie sie das charakterisiert, eines Tages einen Streich spielt und er sich in „ein junges Küken" verliebt. Ihre Eifersucht hält sie für berechtigt, weil sie mit offenen Augen zu sehen glaubt, wie ihr Mann weiblichen Attributen nachschaut. Wie ein Schießhund liegt sie auf der Lauer, um alle Blickkontakte ihres Gatten zu registrieren. Stolz behauptet sie auch:

„Ich sehe es doch. Er kann noch so scheinheilig tun, ich hab' ihn doch erwischt. Keiner kann ein so unschuldiges Gesicht aufsetzen wie mein Mann. Wirklich, das habe ich noch nicht erlebt. Er beteuert mir fortwährend, er habe diese oder jene Frau nicht angeschaut, dabei weiß ich ganz sicher, daß er sie doch gesehen hat. Ich weiß es einfach, das kann ich Ihnen sagen."

Ich: „Machen Sie ihn sofort auf Ihre Beobachtungen aufmerksam?"

Sie: „Sofort. Ich kann es nicht lassen zu warten. Auf der Straße spreche ich ihn an. Ich weiß, daß das verkehrt ist. Wenn ich nicht rede, platze ich. Es muß 'raus. Und meist vergreife ich mich im Ton."

Ich: „Und wie reagiert Ihr Mann darauf?"

Sie: „Er bestraft mich, er läßt mich links liegen. Er geht allein aus. Ja, er geht immer häufiger allein aus. Er sagt, daß er sich schäme, wenn ich ihn auf offener Straße bloßstelle."

Ich: „Sie sagen, daß er sie bestraft und häufiger allein ausgeht."

Sie: „Er bestraft mich, und das begann vor einem halben Jahr. Wir gingen in D. spazieren, in der Altstadt, und da drehte er sich nach einer Frau um, die hatte einen reizenden Busen und offensichtlich keinen Büstenhalter an. Ich war empört und konnte nicht an mich halten. Ich habe ihn angeschrien, es blieb eine Reihe Leute stehen."

Ich: „Seit der Zeit sind Sie weniger gemeinsam ausgegangen."

Sie: „Wenn er nur kann, läßt er mich zu Hause. Er ersinnt immer neue Ausreden, um allein hierhin und dahin zu fahren."

Ich: „Sie sagten mir am Telefon, daß Sie seit etwa einem halben Jahr Platzangstsymptome haben."

Sie: (etwas zaghaft) „Ja, etwa seit der Zeit."

Ich: „Und wie reagiert Ihr Mann auf diese Symptome?"

Sie: „Er läßt mich nicht mehr so viel allein. Er geht mit zum Einkaufen. Wir bringen gemeinsam die Tochter zum Kindergarten. Er macht sich sehr viele Gedanken. Ich glaube auch, daß es ihm leid tut, daß er mich so lieblos behandelt hat. Seine Alleingänge ärgern mich ungemein. Ich sitze allein zu Haus, und er schwimmt durch die Gegend. Dabei liebe ich ihn über alles. Er weiß das auch. Ich kann ohne ihn nicht sein, aber er sagt, daß er sich von mir in der Öffentlichkeit nicht beschimpfen lasse."

Ich: „Sie haben ihn beschimpft. Sie haben ihn vor den Augen und Ohren anderer Menschen fertiggemacht."

Sie: „Er hat es auch verdient. Ich habe mit Worten nicht gespart. Stimmt. Aber er weiß auch, daß ich recht habe. Wenn ich aussähe wie eine Schlange und müßte mich selbst schämen, wenn ich in den Spiegel schaute, dann könnte ich das vielleicht noch verstehen, daß er alle Frauen von fünfzehn bis fünfzig ins Auge faßt."

Ich: „Sie sagen ‚ins Auge fassen'. Handgreiflicher als mit den Augen wird er aber nicht?"

Sie: „Bis jetzt glaube ich, daß er noch keine mit seinen Händen angefaßt hat, zutrauen würde ich es ihm allerdings, wenn er nur Gelegenheit dazu hätte."

Ich: „Und wann hat er nach Ihrer Meinung dazu Gelegenheit?"

Sie: „Wenn er immer allein herumstrolcht. Was weiß ich, was er da alles anstellt. Und die Mädchen fliegen ja auf ihn. Und er kann nicht nein sagen. Er kann einfach nicht durchgreifen und sich durchsetzen. Er ist wie ein Lamm."

Ich: „Das heißt, daß er sich auch in seiner Ehe so verhält, weich und wenig durchsetzungskräftig."

Sie: „Mein Mann meint das ja. Er sagt, daß ich mich auf jede nur denkbare Art durchsetze, daß ich schon sehe, wie ich meinen Willen bekomme."

Ich: „Sind andere Menschen in Ihrer näheren und weiteren Umgebung auch der Meinung?"

Sie: „Meine Schwiegermutter natürlich. Aber das ist ja nicht verwunderlich. Und meine Freundin, die meint allen Ernstes, ich hätte den Bernd unter dem Pantoffel."

Ich: „Und wie finden Sie diese Einstellung selbst?"

Sie: „Ich kann mir nicht vorstellen, daß ich ihn beherrschen soll. Auf jedem Gebiet ist er mir überlegen. Er hat eine bessere Bildung, ist unabhängiger und selbstsicherer. Ich bin doch nur ein Anhängsel, und das läßt er auch noch zu Hause allein sitzen."

Zur Analyse von Eifersucht und Platzangst

Die kurzen Gesprächsausschnitte und Informationen aus der Lebensgeschichte von Frau S. bieten uns genügend Material, die Zusammenhänge von Eifersucht und Platzangst zu durchleuchten. Platzangst ist kein partielles Symptom, das ohne Lebensstilanalyse behandelt werden kann. Wer als Arzt, Berater oder Therapeut allerdings die spezielle Lebensmelodie des Ratsuchenden nicht erkennt, wird auch bei Phobieproblemen im dunklen tappen. Den Zusammenhang von Eifersucht und Platzangst charakterisiert Alfred Adler so:

„Vielleicht der sozial bedeutsamste dieser Züge ist das *Mißtrauen* und die *Eifersucht,* denen gleichlaufend Herrschsucht und Rechthaberei beigeordnet sind. In allen Fällen verfügen sie über die neurotischen Bereitschaften, die bald als Depression, bald als Angst vor dem Alleinsein, als Platzangst, als Schlaflosigkeit und in hundert anderen Symptomen den ‚Gegner' zur Waffenstreckung zwingen sollen."[1]

Die herrschsüchtige Klientin

In dem Zitat werden Herrschsucht und Rechthaberei als beigeordnete Verhaltensweisen des Eifersüchtigen beschrieben. In der Falldarstellung kommen diese Züge überzeugend zum Vorschein. Ihr ganzes Leben hat die Klientin es verstanden, aus Schwachheit Nutzen zu schlagen. Der Herrschsucht stehen viele Wege der Realisierung offen. Herrschen kann jemand durch intellektuelle Überlegenheit, durch Macht, aber auch durch Ohnmacht und Hilflosigkeit. Er *zwingt* die anderen in seinen Dienst und kann nicht zur Verantwortung gezogen werden, weil er schwach und krank ist.

Daß die Klientin herrscht, wird im ersten Satz eines ausgewählten Gesprächs deutlich, das hier abgedruckt ist. Sie sagt: „Mir entgeht nichts!" Sie weiß alles, sieht alles und beobachtet alles. Widerreden nutzen nichts. Sie hat recht. Von ihrer Überlegenheit ist sie so überzeugt, daß sie zweifelsfrei sagen kann: „Ich weiß es einfach, das kann ich Ihnen sagen."

Sie hat auch einen entsprechenden Mann geheiratet. Im Umgang mit anderen Menschen empfindet sie ihn „weich, nachgiebig und wenig durchsetzungskräftig".

In ihrer Ehe sieht es ähnlich aus. Als ihre Platzangstsymptomatik aufbrach, hatte sie ihn wieder fest in der Hand. Er ließ sie nicht mehr allein, „machte sich viele Gedanken" und kümmerte sich um seine kranke Frau. Ihre Überlegenheit und Herrschsucht kann die Klientin nur schwer verstehen, und es dauert eine Weile in der Beratung, bis ihr hier die versteckte Herrschsucht einsichtig wird. Ihr starkes Unterlegenheitsgefühl, ihre Abhängigkeit und das Gefühl, bildungsmäßig unter ihm zu stehen, demonstrieren ihr selbst alles andere als Herrschsucht und Überlegenheit.

Platzangst und ihre Vorgeschichte
In der Regel bricht die Platzangst nicht unmotiviert aus und hat im Leben der Klientin schon eine Vorgeschichte in der Kindheit. Bei Frau S. liegen die Dinge klar zutage. Als sie etwa zwölf Jahre und ihre Versetzung gefährdet war, trat unmittelbar eine „Art Körperstarre" auf, sie konnte ihre Glieder nicht mehr bewegen, keinen Fuß vor den anderen setzen.

Offensichtlich wich Frau S. den Schulschwierigkeiten durch die genannte Symptomatik aus, die den Eltern und dem Arzt rätselhaft blieb. Sie *produzierte* ein entsprechendes Symptom und verschaffte sich auf diese Weise ein brauchbares Alibi, sich vor der Schule und den Leistungsanforderungen zu drücken. Sie stand im Schatten ihres tüchtigen Bruders, der sie auf vielen Gebieten schon überflügelt hatte. Ihr Mut ließ zunehmend nach, und schon *arrangierte* sie die verschiedensten Symptome, um ihre eingebildete Minderwertigkeit zu entschuldigen.

Mit zehn Jahren hatte die Klientin wiederholt Ohnmachtsanfälle. Der Klientin fällt dazu ein, daß sie sich oft in ausweglosen Situationen glaubte und mit den Forderungen und Erwartungen der Erwachsenen nicht fertig wurde. Alfred Adler schreibt über die Ohnmacht:

„Schmerzanfälle, wie Migräne, Neuralgien, Herz- und Leibschmerzen, treten immer motiviert auf, und zwar wenn die Störung besteht, das bedrohte Persönlichkeitsgefühl zu schützen. Ebenso ereignen sich Ohnmachtsanfälle ... immer in Situationen, in der der Patient – eben aus seiner psychischen Situation heraus – zur Sicherung seiner Herrschaft durch den Anfall schreiten muß."[2]

Der Lebensstil der Klientin zeigt in der Kindheit schon eindeutige Züge, die darauf hinweisen, daß sie Symptome arrangiert,
– um ihr Persönlichkeitsgefühl zu sichern, wie Adler schreibt;

- um sich auf glaubhafte Art vor ihrer Umgebung zu rechtfertigen;
- um ihr mangelndes Selbstwertgefühl und Unzulänglichkeitsgefühl zu vertuschen;
- um ihre Eltern und Angehörigen in ihren Dienst zu stellen.

Mit *Ohnmacht*sanfällen übt der Mensch eine ungeheure *Macht* auf seine Umgebung aus. Zweifellos greift der Mensch immer unbewußt zu solchen Verhaltensweisen, dessen Selbsteinschätzung sehr niedrig und dessen Minderwertigkeitsgefühl offensichtlich ist.

Die Finalität der Platzangst und Ohnmacht

Unter *Finalität* verstehen wir die Zielgerichtetheit der Platzangst. Die Individualpsychologie geht davon aus, daß jedes Symptom und jedes Verhalten eines Menschen im Dienst der persönlichen Zielsetzung steht. Wenn der Mensch seiner Lebensaufgabe nicht gerecht wird, wenn er glaubt, sie nicht erwartungsgemäß erfüllen zu können, kann er die verschiedensten Symptome entwickeln, um sich zu drücken, um sich zu entschuldigen. Platzangst dient dem Menschen als Mittel zum Zweck. Der Klient *benutzt* sie als Krankheit, um seine eigentlichen Ziele zu verbergen. Sagt der Mensch: „Ich *will* nicht", kann seine Umgebung gegen ihn zu Felde ziehen. Sagt der Mensch: „Ich *kann* nicht", sind alle um ihn herum machtlos. Dieser Kunstgriff sichert ihm seine Überlegenheit. Bei Frau S. ist es ähnlich. Der Mann läßt sie nicht mehr allein, er geht mit zum Einkaufen, bringt mit der Frau die Tochter zum Kindergarten und macht sich viele Gedanken. Was will Frau S. mehr? Sie hat ihr Ziel erreicht. Mit Hilfe der Platzangst kettet sie ihren Mann noch enger an sich; ebenso die Ohnmacht, die schon in jungen Jahren bei der Klientin einsetzte. Sie kann selbstverständlich nicht *bewußt* produziert werden. Aber sie wird, dem Lebensstil des Menschen entsprechend, eingebaut. Fritz Künkel hat in einem seiner Bücher die Finalität der Ohnmacht treffend beschrieben:

„Die Blutleere im Gehirn tritt genau in der Sekunde auf, in der sie als unterbewußtes Mittel im Dienst jenes unbewußten Zwecks gebraucht wird. Der Schwindelanfall oder die Ohnmacht setzt genau dann ein, wenn der Mann zu seinen Freunden gehen will. Man spielt nicht Theater, man ist wirklich krank. Man ist krank zu einem eindeutigen Zweck: Der Mann darf nicht zu seinen Freunden gehen."[3] Selbst das unerklärlichste Verhalten ist nicht *sinnlos*. Das Spiel mit den Symptomen hat seinen Nutzeffekt.

Die Behandlung der Platzangst

Der Klientin lag daran, ihr Platzangstsymptom zu verlieren. Ihre Eifersucht störte sie nicht. Sie hielt sie mehr oder weniger für *angemessen*. Lediglich ihre schändlichen Auftritte in der Öffentlichkeit oder wenn Gäste im Hause waren und der Ehemann angeblich etwas zu offenherzig mit einem weiblichen Gast flirtete, ärgerte die Klientin. Aber sie hatte schließlich einen *Grund* für ihren Ärger. Die Verantwortung für ihren Ärger trug der Ehemann. Sie war überzeugt, ein unschuldiges Opfer zu sein. Schon in den ersten Stunden wurde Frau S. klar, daß ihre Eifersucht mit der Platzangst unauflöslich verknüpft war. Sie erzählte ihr erstes frühkindliches Erlebnis:

„Ich bin etwa vier Jahre alt. Meine Mutter ist fortgegangen. Sie hat mich losgelassen, und ich stehe allein im Wohnzimmer auf dem Sofa, schaue aus dem Fenster und schreie in einem fort."

Ihre Lebensproblematik ist in dieser Erinnerung voll enthalten. Die Mutter hat sie *los*gelassen. Sie will aber festgehalten werden. Sie fühlt sich alleingelassen, hintergangen und verraten. Der liebste Mensch hat sie im Stich gelassen. Sie schreit. Was wird sie noch alles anstellen, um den liebsten Menschen sklavisch an sich zu binden? Die Beziehung zu Frau S. ist gut, und sie gibt freimütig zu, daß sie mit hemmungslosem Schreien die ängstliche und weiche Mutter an sich gefesselt habe. Kind und Mutter arbeiten Hand in Hand, und in dieser Konstellation baute das Kind seinen Lebensplan aus, den man folgendermaßen formulieren kann:

„Ich brauche jemanden, der ständig bei mir ist, der mich an die Hand nimmt, hält und trägt – auch wenn ich krank, schwach, hilflos und ohnmächtig bin. Und ich werde Ohnmacht, Krankheit, Gehstörungen und andere Arrangements benutzen, um mir meinen liebsten Menschen hörig zu machen."

Als sie einundzwanzig geworden sei, habe die Mutter sie an ihrem Geburtstag besucht – damals wohnte sie allein in einer nahegelegenen Stadt – und habe ihr unter Tränen gestanden, daß sie oft unter ihr, der ältesten Tochter, gelitten habe. Zum erstenmal habe die Mutter zu erkennen gegeben, daß sie durch Klagen, Tränen, mancherlei Krankheiten und rätselhafte Eigenarten die Eltern schwer belastet habe. Sie habe sich oft durch das Verhalten der Tochter wie an eine Kette gelegt erfahren. Frau S. schildert, daß sie sich heute noch genau erinnere, wie dieses Geständnis der Mutter ihr einen Schock versetzt habe. Die heilsame Wirkung, auf die ich sie anspreche, sei aber ausgeblieben. Ich benutze das Geständnis der Mutter und den vergessenen Schock, um die gegenwärtigen Probleme neu zu durchdenken. Ich frage sie, ob ihrem Mann manchmal das Angebundensein durch die Platzangst seiner Frau zuviel würde, ob er sich an die Kette gelegt sähe und evtl. unter ihr litte.

Der wesentliche Punkt in der Beratung konzentrierte sich auf ihr schwaches *Selbstwertgefühl*. Frau S. erkennt, daß sie negative Mittel und Methoden benutzt, den gebildeten Mann an sich zu binden, aus Angst, ihn verlieren zu können. Ihr wird nach und nach deutlich, daß sie ein Opfer ihrer verzerrten Wahrnehmung geworden ist, daß sie ihren Eigenwert auf ein Minimum herabgeschätzt hat und auf dem Hintergrund solcher eingebildeten Wertlosigkeit zu krankhaften Eifersuchtsgefühlen und Platzangstsymptomen greifen mußte. Sie ist eher bereit, die Leiden der Platzangstsymptomatik zu ertragen, als ihre Wertlosigkeit offen einzugestehen. Mit Hilfe des Symptoms will sie notdürftig den Schein ihres Wertes wahren. Dieses falsche Spiel muß durchschaut und abgebaut werden. In einem Gespräch sagt Frau S. mal verstört:

„Wer bin ich, daß mein Mann jeder anderen nachschaut und innerlich weint, daß er an mich gebunden ist." In Gesprächen – zusammen mit ihrem Mann – erfuhr sie, daß ihr Mann sie so liebt, wie sie ist, daß sie Stärken und Fähigkeiten besitzt, die sie selbst als uninteressant und unbedeutend eingestuft hatte. Ihr Mann, ein stiller, wenig redegewandter Mann, gibt zu erkennen, daß er ihre flinken Züge, ihr „lautes Denken" und ihre spontane Art, Gefühle und Gedanken in Worte umzusetzen, liebt. Er selbst fühlt sich gehemmt und zugeschnürt und ist nicht in der Lage, spontan zu reagieren. In einer Beratungsstunde sagte er einmal, er gäbe ein kleines Vermögen dafür, ungehemmt, spontan und völlig gelöst zu sein. Seine Frau weinte vor Freude, weil sie diese Aussage als schönsten Liebesbeweis für sich buchen konnte.

Als wir die Beratung nach ca. 45 Stunden beendeten, sagte Herr S. schamhaft zu seiner Frau:

„Heute kann ich mir alle Frauen, die ich sehe, in Ruhe und ohne ein schlechtes Gewissen anschauen. Ich finde viele hübscher als dich, aber tauschen würde ich niemals. Du bist die Frau, die ich immer wieder heiraten würde. Du bist genau der Mensch, der mir fehlt."

Seine Frau lächelte verschmitzt, was sie zu Anfang der Beratung nicht gekonnt hätte, und antwortete:

„Heute glaube ich dir das sogar. Vor einem Jahr hätte ich einen Nervenzusammenbruch bekommen."

Der Eifersuchtswahn

Eifersucht ist das Symptom einer tief verwurzelten Selbstwertstörung. Ereignisse können zwar wahrgenommen werden, wie sie sind, aber sie werden – dem Lebensstil entsprechend – so umgedeutet, daß sie die wahnhafte Verzerrung aufzeigen. Der Eifersuchtswahn ist sehr schwer therapeutisch zu behandeln, und ich gestehe, daß eine Reihe von Behandlungen mehr oder weniger erfolglos verlief oder – aus welchen Gründen auch immer – vom Klienten abgebrochen wurde.

Im folgenden schildere ich eine erfolgreiche Behandlung. Die Ehe wird heute zufriedenstellend geführt, die ehezerstörerische, eifersüchtige Wahnhaltung des Mannes ist abgebaut, wenn auch Mißtrauen und Pessimismus noch zum Teil seinen Lebensstil beeinflussen.

Ein Fallbeispiel

Herr B. kommt in die Beratung, weil Frau und Schwiegermutter ihn gedrängt haben, aber auch weil er selbst wissen will, was mit ihm los ist. Er mustert mich anfänglich äußerst mißtrauisch und kommt erst allmählich mit seinem Problem heraus. Als er berichtet, klammert er sich fest an seine Aktentasche, die er nicht aus den Händen legt.

Herr B. ist 38 Jahre alt und 9 Jahre verheiratet. Sein Hauptproblem: Er ist „hochgradig eifersüchtig", wie er schildert, und sieht in allen Männern, die in die Nähe seiner Frau kommen, potentielle Verführer. Seine Frau muß alle Kontakte mit Männern auf ein Minimum beschränken, jedes Wort auf die Goldwaage legen und ihrem Mann mindestens zehnmal am Tag bescheinigen, „daß sie ihn über alles liebt". Seine Frau kam gern in die Beratung, wie sie beteuerte. Sie liebe ihren Mann, obschon er ihr oft „auf den Wecker gehe". Er habe ein merkwürdiges Benehmen, unbegreiflich und für sie nicht

113

durchschaubar. Seine Eifersucht sei bestimmt krankhaft, das wisse sie genau. Er sei extrem mißtrauisch und behaupte oft Sachen, die seien einfach lächerlich. Liebesbeweise brauche er täglich, am liebsten stündlich. Auf meine Frage, wie solche Liebesbeweise aussehen, erzählt Frau B., daß sie zunächst mit Worten ihre Liebe demonstriere, dann aber auch mit Küssen, verliebten Blicken, körperlichen Streicheleien und auch mit besonderen Speisen, die ausschließlich für ihn bestimmt seien. Außerdem absolviere sie jeden Tag einen „Entschuldigungszirkus". Für alles und nichts bringe sie ihm Entschuldigungen.

Die Frau sieht attraktiv aus, was seine Eifersucht nur beflügelt. Herr B. ist von oben bis unten Pessimist und sagt:

„Sie ist bei allen beliebt. Ich stehe völlig im Schatten. Sie wird von Männern überall bevorzugt behandelt. Ich komme mir überall geduldet vor."

Ich: „Sie kommen sich geduldet vor."

Er: „Noch niemals habe ich in meinem Leben das Gefühl gehabt, richtiggehend gebraucht zu werden. Noch nie habe ich erlebt, ohne dich geht es nicht. Sehen Sie, ich arbeite in einem Konstruktionsbüro. Fünf Leute stehen wie ich am Reißbrett. Glauben Sie nicht auch, daß ich jederzeit ausgetauscht werden kann?"

Ich: „Und Sie glauben, auch als Ehemann sind Sie austauschbar?"

Er: „Das ist meine Sorge. Meine Frau ist hübsch, sehr hübsch sogar. Sie kann ganz andere Männer haben. Ich möchte sie am liebsten verschließen. Ein Gang mit ihr durch die Stadt ist ein Greuel. Überall nur Männeraugen, die sie anstarren."

Und dann berichtet er eine „ganz schreckliche Geschichte". Sie sei vor kurzem erst passiert. Noch jetzt packe ihn „lähmendes Entsetzen".

Er: „Wir wollten ins Kino. Ich sehe mir gern Krimis an. An der Kasse drängten sich viele Männer. Meine Frau ging direkt hinter mir. Und ich beobachtete, als ich mich flüchtig umsah, daß meine Frau von zwei Männern eng eingekreist wurde. Sie drückten sich mit ihren Unterkörpern richtig unanständig an sie. Einer atmete schwer."

Ich: „Und was ging in Ihnen vor?"

Er: „Ganz merkwürdig, Gedanken an den Tod schossen mir durch den Kopf. Ich glaube, ich bin noch nie so traurig gewesen. Meine Frau zeigte keine Abwehr. Sie ließ es sich gefallen. Sie blieb einfach stehen und tat nichts. Ich war ganz kraftlos und konnte die Karten an der Kasse nicht kaufen." (Er macht eine Pause und wischt sich mit der Hand über die Stirn.)

Ich: „Und Sie meinen, Ihre Frau hat wahrscheinlich sogar Gefallen daran gefunden."

Er: „Sie hat ihre Gefühle vor mir versteckt. Das hat sie bestimmt erregt. Das muß sie erregt haben. Ich kenne sie zu genau."

Ich: „Ist Ihre Frau in der sexuellen Liebe leicht entflammbar?"

Er: „Sie ja, aber ich nicht. Woran es liegt, ich weiß es nicht. Bei mir klappt es nur, wenn meine Frau mich innig bittet. Sie muß es mir zeigen, daß sie mich leidenschaftlich begehrt."

Ich: „Und sie tut das."

Er: „Oft. Und immer hat es geklappt. Nur an dem Abend, als wir ins Kino wollten, war ich wie tot. Keine Regung. Bis heute. Das macht mich wahnsinnig. Ich sehe die geilen Kerle vor mir – und es ist aus."
(Er kneift sich in die Ohren, fährt sich durch die Haare und hat einen wirren Gesichtsausdruck.)

Ich: „Sie haben mir das Erlebnis vor dem Kino noch nicht zu Ende erzählt."
(Er läßt seine Hände kraftlos in den Schoß fallen.)

Er: „Als ich das mit den Männern sah, ging ich wie benommen aus der Reihe. Alle Glieder waren schlaff."

Ich: „Und was tat Ihre Frau?"

Er: „Sie stürzte auf mich los und fragte, was los sei, ob mir schwindelig wäre oder irgend so etwas. Ich konnte es nicht sagen. Bis heute konnte ich es ihr nicht sagen."

Ich: „Und wie hat Ihre Frau den Vorfall behandelt?"

Er: „Bis heute hat sie mir nichts davon gesagt. Scheinheilig ist sie darüber hinweggegangen. Ich bin sicher, sie schämt sich. Sie wagt nicht, mit mir darüber zu sprechen. Und das ist eben das Erschütternde. Sie hat nichts getan. Sie hat es sich gefallen lassen. Von Anfang an habe ich gewußt: Sie wird dir nicht treu sein, und meine wahnsinnige Angst ist, daß ich das immer wieder erleben werde. (Er macht wieder eine Pause, und dann kommt ein plötzlicher Ausbruch.) Wissen Sie, meine größte Angst ist, daß ich in absehbarer Zeit in der Klapsmühle lande."

Ich: „Ist das Ihre eigene Überzeugung, oder woher haben Sie das?"

Er: „Keiner wagt es mir direkt zu sagen, aber sie machen Andeutungen oder tuscheln hinter meinem Rücken. Und ich bin allmählich selbst davon überzeugt. Ich drehe durch, ich packe es nicht mehr."

Ich erinnere mich, daß er in der zweiten Beratungsstunde etwas verwirrt ins Zimmer kam. Er berichtete, daß zwei wartende Klientinnen sich flüsternd unterhalten hätten. Die eine habe ihn dabei genau beobachtet. Einen Augenblick sei ihm das Blut in den Kopf gestiegen, was ihm leider immer wieder passiere, und er habe gedacht: „Sie machen sich über dich lustig. Die sehen dir an, was du für ein Armleuchter bist. Sie sehen dir an, daß du sexuell eine Niete bist."

Herr B. war drittes Kind von fünf Geschwistern insgesamt. Seine Eltern lebten ständig im Streit. Die Mutter provozierte mit Kritik, Vorwürfen und Anklagen. Der Vater wurde Vertreter und „machte sich auf die Socken", wie die Mutter das nannte. Sie hatte ihn aus dem Haus getrieben. Die Mutter klagte über die vielen Kinder, die ihr der Mann „angedreht" hatte. Herr B. mußte daraus schließen, daß er unerwünscht war.

Sein erstes frühkindliches Erlebnis lautet: „Ich stehe meiner Mutter im Weg. Sie schimpft mit mir und schiebt mich ab in die Rumpelkammer. Da sieht es verheerend aus, außerdem ist es da sehr kalt. Ich kann mich nicht setzen, nur Unrat. Ängstlich starre ich auf eine ausgestopfte Eule, die mich mit ihren Blicken verfolgt. Ich habe wahnsinnige Angst."

Das frühkindliche Erlebnis zeigt – wie bei einem modernen Gemälde – mit knappen Strichen die jetzige Situation. Die Entwicklung und der Lebensstil des erwachsenen Mannes lassen sich aus den wenigen Sätzen herauskristallisieren.

Die Deutung der frühkindlichen Erinnerung

– Herr B. steht *im Weg*, und Menschen, die im Weg stehen, sind im Grunde überflüssig. Sie werden bestenfalls geduldet. Er redet sich ein, von seiner Mutter, seiner Frau und der Firmenleitung nur *geduldet* zu sein. Von sich selbst sagt er in einem Beratungsgespräch: „Ich stehe völlig im Schatten." Die Frau im Licht, er im Schatten.

– Herr B. fühlt sich in die *Rumpelkammer* abgeschoben. In der Rumpelkammer bewahrt man Gegenstände auf, die noch nicht völlig wertlos sind, aber auch im täglichen Leben nicht unbedingt einen Ehrenplatz einnehmen. Er fristet ein geduldetes Dasein. In der Rumpelkammer des Lebens ist für Schwächlinge und Nieten noch ein Platz.

– Herr B. kann sich *nicht setzen* und einen festen Platz einnehmen. Er zählt sich nicht zum festen Inventar. Er steht da herum. In der Rumpelkammerwelt ist es kalt und ungemütlich. Das Leben ist hart, die Welt ist kalt, feindlich und ungerecht.

- Herr B. erlebt eine *wahnsinnige Angst*. Angst spielt im gesunden und kranken Seelenleben eine bedeutende Rolle. Angst liegt allen Lebensschwierigkeiten zugrunde. Sie entsteht aber nicht durch eine Daseinsbedrohung, sondern ist eine Spiegelung der Befürchtungen, in den Augen der Bezugsperson an Wert und Bedeutung zu verlieren. Herr B. erlebte eine ungeborgene Kindheit. Die Angst, nicht gemocht, nicht erwünscht und nicht bejaht zu werden, verstärkt seine Beziehungsstörung. Je größer die Angst, um so größer die Selbstwertstörung. Herr B. hat wahnsinnige Angst und damit wahnsinnige Selbstwertstörungen.
- Herr B. bringt auch seine *wahnhaften Befürchtungen* zum Ausdruck. Die ausgestopfte Eule, die ihn mit Blicken verfolgt, ist Ausdruck des sensitiven Beziehungswahns, wie Ernst Kretschmer dieses paranoide Verhalten bezeichnet. Er fühlt sich beobachtet – wie in der Beratungsstunde –, fühlt sich verfolgt und sieht sich diskriminiert, verspottet und verlacht. Er glaubt, daß „die böse Eule" Schlimmes im Schilde führt, und er wird immer wieder Beweise für seine Vermutungen finden.

Was sind Wahnvorstellungen?

- Als Wahn werden Vorstellungen und Ideen bezeichnet, die der einzelne zu Unrecht für wahr hält. Allerdings bestimmt die Mehrheit in unserer Kultur, worin sich Wahn und Nichtwahn unterscheiden. In der Regel ist es die *Familie*, die zum Wahn erzieht. Die Familie übermittelt Sprache, Wertwelt, die Vorstellung von Realität und damit auch die Irrealität.
- Für die Wahnbildung wird in erster Linie die gestörte Mutter-Kind-Beziehung verantwortlich gemacht. Mütter, die sich beispielsweise vom Mann vernachlässigt fühlen, nur ungenügend akzeptiert sind, neigen dazu, beim Kind Ersatz für die vermißten Befriedigungen zu suchen und damit das Kind in seiner Entwicklung zu überfordern und zu stören.
- Eine Version des Wahns ist der *kindliche Autismus*, eine extreme Selbstentfremdung als Folge eines totalen Abwehrversuchs. Das Kind versucht, sich gegen die als gefährlich erlebte Mutter abzuschirmen. Der Kontakt mit anderen Menschen ist auf ein Minimum reduziert. Die Selbstentfremdung ist perfekt. Es fehlt der emotionale Dialog, Geben und Nehmen sind aus dem Gleichgewicht.

- Ein späterer Wahnanfall wird in der Kindheit vorbereitet. Sowohl große *Distanz* als auch überfordernde *Nähe* von seiten der Bezugsperson können ein Abwehrverhalten mobilisieren, das dem Kind die Möglichkeit einräumt, sich hinter einem wahnhaften Schirm zu verbarrikadieren. Der Psychoanalytiker Helm Stierlin geht davon aus:
„Die hier angedeuteten Beobachtungen und Überlegungen legen es nahe, einen großen Teil der Eltern der später wahnkranken Kinder als Menschen zu verstehen, die in wesentlicher Hinsicht beziehungsgestört und selbst paranoid sind. Ihre Paranoia bleibt aber gleichsam subklinisch: Sie bleibt in einer Weise ich- und (in Grenzen) kultursynton, die jene Diskrepanzen und Konflikte mit der kulturgebundenen Umwelt verhindert..."[1]

- Vorstellungen der Eltern, das Kind sei „völlig hilflos", „chronisch schwach" und „ewig kränklich", sind sehr negative Erwartungen, die die Autonomie des Kindes blockieren und die Ich-Stärke reduzieren können. Eine Trennung von den Eltern wird unbewußt verhindert. Ein Scheitern kann programmiert werden. Untüchtigkeit, Schwäche und Krankheit werden dem Kind aufoktroyiert und ersticken im Kind die Unabhängigkeitsbestrebungen.

- Eine Störung der Dialektik von Eigen- und Fremdbelastung kennzeichnet die Wahnvorstellung. Helm Stierlin schreibt:
„Bei aller Verschiedenheit menschlicher Wahnbildung lassen sich doch einige typische und immer wiederkehrende psychologische Momente festhalten. Zwei dieser Momente halte ich für besonders wichtig: erstens eine Art Selbstentfremdung, die die zum Wahn neigende Persönlichkeit von vielen wichtigen Daten abschneidet, die für eine adäquate Kommunikation und Realitätsorientierung unerläßlich sind; und zweitens, damit einhergehend, eine Störung in dem, was ich die Dialektik von Eigen- und Fremdsteuerung nennen möchte. Die *Selbstentfremdung*, das erste Moment, betrifft vor allem das Verständnis der eigenen Gefühle, Bedürfnisse und Motive. Wenn ein Individuum diese Gefühle, Bedürfnisse und Motive mißversteht beziehungsweise nicht wahrnimmt, fehlen sie ihm als Daten, durch die sich die Gefühle, Bedürfnisse und Motive anderer emphatisch orten, vergleichen und abgrenzen lassen. Die *Störung der Dialektik von Eigen- und Fremdwahrnehmung*, das zweite Moment in der Wahnbildung, offenbart sich in einer gleichzeitigen Unter- und Überschätzung des eigenen Einflusses und der eigenen Bedeutung. Ein gesundes Selbstwertgefühl schließt in der Regel ein abgewogenes Wissen um die Macht und die Grenzen eigenen Einflusses ein."[2]

– Der zum Wahn neigende Mensch hält sich *gleichzeitig* für machtlos und für übermächtig. Er sieht sich als hilfloses Opfer und
überschätzt seine eigene Bedeutung maßlos.

– Der zum Wahn Neigende zeigt kein ausgewogenes Verhältnis von
Eigensteuerung und Fremdsteuerung. Er offenbart eine Tendenz,
der Eigenverantwortung auszuweichen. Überall sucht er Schuld
und teilt Schuld zu. Es ist immer der andere, der etwas getan hat.
Zudem handelt dieser andere auch noch in hohem Grad egoistisch
für den wahnhaften Betrachter.

– Das Gefühl der *Ohnmacht* und der geringen Eigenbedeutung ist
das hervorstechendste Merkmal des Wahnkranken. Der *Größenwahn* und die offen oder versteckt zum Ausdruck gebrachte Ego-
zentrizität sind – im Sinne Adlers – *Überkompensationen*.

– Der Eifersuchtswahn ist oft mit großem *Schamgefühl* verbunden.
Schamgefühl sind die geglaubten Niederlagen, die sich der Eifersüchtige im Konkurrenzkampf zugezogen hat. Er drückt eine
schmerzliche Verlegenheit aus, Wut über Erniedrigung und ein
tiefes Gefühl von Demütigung. Das große Schamgefühl ruft wiederum Stolz- und Triumphgefühle hervor, die der wahnhaft
Eifersüchtige auskostet.

– Besonders die *schizoide Persönlichkeit* kann Wahnvorstellungen
entwickeln. Schizoides Verhalten ist gekennzeichnet durch:
Eigendrehung, Angst vor Hingabe, Selbstbewahrung, Unabhängigkeit, Autonomie, Abstand, Distanz und Angst vor Nähe.
Schizoide Menschen wirken leicht kühl und distanziert, schwer
ansprechbar, etwas unpersönlich und zuweilen schroff. Diese
Verhaltensweisen können Wahnvorstellungen verstärken. Fritz
Riemann beschreibt das so:
„Durch den lockeren Kontakt zur Welt fehlt ihm die Orientie-
rungsmöglichkeit, und so schwankt er in der Beurteilung der Erlebnisse hin und her zwischen dem Zweifel, ob er sie als Wirklichkeit hinausverlegen müsse oder ob sie nur seine ‚Einbildung‘ sind.
So bleibt ihm die Grenze zwischen außen und innen immer unsicher, und er weiß nie klar genug, blickt mich der andere wirklich
spöttisch an oder bilde ich mir das nur ein? War der Chef heute
wirklich besonders kühl zu mir, hat er etwas gegen mich, war er
anders als sonst – oder meine ich das nur? Das kann alle Schweregrade annehmen, von immer wachem Mißtrauen und krankhafter
Eigenbezüglichkeit bis zu eigentlichen wahnhaften Einbildungen
und Täuschungen … Er beobachtet außerordentlich scharf, registriert Dinge, die ein anderer gar nicht wahrnehmen würde, ist
immer in der Gefahr – durch zu vieles Beobachten ohne Gefühls-

beziehung –, zu vieles persönlich zu nehmen, auf sich zu beziehen und mit sich in irgendeinen Bedeutungszusammenhang zu bringen, wobei dann die Grenze zum Wahnhaften eine recht schmale ist."[3]

Diese Verhaltensweise hat der Psychiater E. Kretschmer als „sensitiven Beziehungswahn" gekennzeichnet. Starkes Mißtrauen, fortwährende Eigenbezüglichkeit und Angst vor Nähe sind die ausschlaggebenden Auslöser.

Beraterische und therapeutische Hilfen

– Der Eifersüchtige sucht in der Regel die Beratung auf, um das Fehlverhalten des Ehepartners herauszustellen, seine Gewohnheiten auszubreiten, seine Hinterhältigkeiten offenzulegen, und wünscht einzig und allein, daß der Therapeut ihm beisteht, das Verhalten des Partners ändert und ihm fachmännisch ins Gewissen redet. Gleichzeitig erwartet er Verständnis für seine seelische Notlage.

– Der erste Schritt in der Beratung muß der sein, Herrn B. den *Nutzeffekt* seiner Eifersucht vor Augen zu führen. Je eindeutiger *er selbst* die Zusammenhänge und die Zwecke durchschaut, desto besser. Die Gespräche verdeutlichen, daß seine Eifersucht eben nicht *sinnlos* ist, wie Frau, Schwiegermutter, Freunde und Verwandte bisher behauptet haben.

– Herr B. geht systematisch in der Beratung die vier Nutzeffekte eifersüchtigen Verhaltens mit dem Berater durch: Will er seine eigenen Fehler und Schwachheiten entschuldigen? Will er mehr Aufmerksamkeit? Will er Druck, Gewalt, Tyrannei ausüben? Will der den Partner verletzen und Rache üben? Erst wenn Herr B. die volle Verantwortung für seine Absichten und damit auch für seine Gefühle übernimmt, kann ihm geholfen werden. Wenn Herr B. seine geheimen Ziele kennt, kann er sie ändern. Verfolgt er seine Ziele mit anderen Methoden, ändern sich automatisch auch seine Gefühle, die er ja als entsprechende Werkzeuge benutzt.

– Herr B. und Frau müssen *gemeinsam* die grundsätzlichen Voraussetzungen für eine Lösung des Eifersuchtsproblems darin erkennen, daß jeder sich sagt: „Was kann *ich* tun?" Vorwürfe, Anklagen und Du-Botschaften sind am Sündenbock orientiert. Sie sind keine konstruktiven Lösungen. In einer ersten gemeinsamen Sitzung waren Frau und Herr B. je von sich überzeugt, nur den kleineren Beitrag leisten zu müssen, denn den „Schwarzen Peter" hatte offensichtlich der andere. Solange sich beide in Prozenten die Schuldanteile vorrechnen, treten sie auf der Stelle und untergraben jeweils ihre konstruktive Eigenleistung.

– Herrn B. fällt es sehr schwer, den Zusammenhang von Verhaltensweisen und Gefühlen zu verstehen. Er war der festen Überzeugung, daß Gefühle wie Eifersucht charakterlich in uns verwurzelt sind und der Mensch von den Gefühlen abhängig ist und ins Schlepptau genommen wird. Als Herr B. die Nutzeffekte und Strategien seiner Eifersucht bejahen konnte, war es ihm möglich, die Gefühle als Werkzeuge für seine Techniken und Nutzeffekte zu verstehen. An Beispielen aus dem Alltag ging ihm auf, wie er die Gefühle als Verstärker und Hebel benutzte, um sie seinen eifersüchtigen Zwecken dienstbar zu machen. Gefühle kann Herr B. nicht ändern, aber die Ziele und Zwecke.

– Der Ehepartner des Eifersüchtigen ist für den Gesundungsprozeß eine entscheidende Hilfe. Die Beratung mit ihm muß zunächst da einsetzen, daß er *nicht* versucht, seinen Partner liebevoll oder eindringlich zu *überreden*. Er soll ihm auch nicht die Eifersucht *auszureden* versuchen. Solche falschen Methoden können nur die Wut des Eifersüchtigen, seine Starrheit und seine verzerrte Wahrnehmung verstärken.

– Es kann nicht klar genug herausgestellt werden, daß die therapeutische Hilfe für den Eifersüchtigen *nicht* darin besteht, ihn logisch zu überzeugen. Die Psychologik der Eifersüchtigen ist mit der Logik im allgemeinen und dem gesunden Menschenverstand nicht angehbar und zu heilen. Der Satz „Wir müssen vernünftig miteinander reden" ist blanker Unsinn. Denn sofort steht Logik gegen Logik, Einsicht gegen Einsicht, Überzeugung gegen Überzeugung. Die Standpunkte verhärten sich. Die Verstimmungen steigern sich, und der Streit nimmt kein Ende. Es dauert jeweils eine Weile, bis der Partner des Eifersüchtigen *diese* Logik begriffen hat.

Als Herr B. mir ganz zu Anfang der Beratung erklärte, daß ihm bisher alle Nahestehenden geraten und beschworen hätten, sich zu ändern, frage ich ihn, ob er das von mir auch erwarte. Etwas kleinlaut antwortet er mit Ja. Ich sagte ihm aber:

„Warum sollten Sie sich ändern? Sie haben doch offensichtlich mit Ihrer Eifersucht Erfolg gehabt. Ihre Frau kümmert sich kaum noch um andere Männer, behandelt sie kühl, um nicht zu sagen feindlich, außerdem hat sie ihre Liebesanstrengungen verdoppelt. Ist das alles nichts?"

Herr B. reagiert, wie erwartet. Er macht mir Vorwürfe, daß ich sein egozentrisches Verhalten gutheißen könne und daß ich mir nicht mehr Mühe gebe, ihn umzustimmen. Es war ein glänzender Einstieg, um *seine* Verantwortung für eine Änderung zum Gespräch zu erheben.

– Frau B. ist in das teuflische Spiel eingestiegen, sich entschuldigen zu müssen. Für nichts und wieder nichts entschuldigt sie sich. Und der Erfolg? Der Eifersüchtige wird denken: Wer sich entschuldigt, klagt sich an. Es hat also *doch* was dahintergesteckt. Frau B. bricht den Kontakt zu allen möglichen Männern ab. Sie *gibt nach*. Sie bestätigt damit entweder ihre Teilschuld oder erzeugt im eifersüchtigen Partner das Gefühl eines schlechten Gewissens. Er hat Terror gemacht und recht bekommen. Der andere hat nachgegeben, ihm *zuliebe*, ihm zuliebe oder aus Mitleid, aus Nachsicht, aus Schwäche, aus Angst? Der Eifersüchtige macht sich selbst Vorwürfe, und das Spiel geht weiter. Frau B. muß also lernen, sich *nicht* zu entschuldigen, *nicht* mit Hilfe der Vernunft zu streiten und *nicht* nachzugeben.

– Was kann Frau B. tun? Das ist das wichtigste und zugleich das schwerste: sich nicht gedemütigt und mißachtet fühlen. Wer sich gedemütigt und mißachtet fühlt, kämpft um sein Recht und streitet um seinen Wert. Frau B. muß sich sicher fühlen, dann kann sie handeln, ohne zu reden. Ein kleines Lächeln, ein gütiger Ausdruck der Geduld, ein inniger Kuß, ein Händedruck und ein zärtliches Sichanschmiegen können Wunder wirken.

– Herr B. muß schon in den ersten Beratungsstunden erfahren, daß er *nicht* im Unrecht ist, sondern daß er Gefühle der Unzulänglichkeit, der Vernachlässigung, der Mißachtung und mangelnden Wertschätzung mit frag-würdigen Methoden und Strategien angeht. Seine subjektiven Gefühle sind nicht einfach „horrender Blödsinn", wie die Schwiegermutter ihm ins Gesicht geschleudert hat.

– Herr B. hat Angst davor, durchzudrehen, überzuschnappen und in die „Klapsmühle" zu kommen. Der wahnhaft Eifersüchtige ist mit seinen phobischen Befürchtungen wiederum der Realität weit voraus. Ich habe ihm etwa in der 10. Sitzung lachend – aber mit voller Überzeugung – gesagt: „Wenn Sie geisteskrank werden – und das meinen Sie ja –, zahle ich Ihnen 500.– DM. Sie sind nicht geisteskrank, sondern Sie sehen Ihr Leben, Ihre Ehe, Ihre Liebe unter dem Gesichtswinkel: Ich bin nichts, ich tauge nichts, ich bin überflüssig, und jeder hergelaufene Mann kann mich ausstechen und mir meine liebe Frau abspenstig machen. Daß ein Mensch wie Sie so reagiert, ist für mich logisch."

Diese Beratungsstunde brachte offensichtlich den Durchbruch. Auch der Ehepartner bestätigte mir in der folgenden Sitzung eine auffallende Besserung. Ich konnte eine existenzbedrohende Befürchtung zerstreuen, die Befürchtung saß *tiefer*, als alle Beteiligten angenommen hatten.

– Unsere *negativen Erwartungen* werden sich erfüllen. Diese Feststellung muß Herr B. im Beratungsgespräch selbst treffen. Was wir erwarten, tritt ein. Sich erfüllende Befürchtungen können programmiert werden. Die Errötungsfurcht wiederum fördert die Angst. Der Teufelskreis ist geschlossen. Herr B. verstärkt seine Symptomatik dadurch, daß er sich gegen die Angst wehrt und seine Muskeln anspannt. Druck erzeugt Gegendruck. Die Angst wird immer stärker, und es entsteht eine einzige Verkrampfung.

– Herr B. muß die *Erwartungsangst* als menschlich erklärlich und verständlich erleben. Solange er davon überzeugt ist, daß sie *krankhaft* ist, und sich schicksalhaft einstellt, wird er seine Erwartungsangst nicht überwinden. Er muß den Mechanismus erkennen, der unerbittlich abläuft, wenn die Erwartungsangst ins Spiel kommt. Sieht er ein, daß er mit seiner Erwartungsangst das Symptom der Errötungsfurcht geradezu züchtet, wird es im Lauf der Zeit an Macht einbüßen.

– Ich spreche mit Herrn B. durch, in welchen Situationen ihm die Errötungsfurcht am wenigsten unangenehm ist. In diesen Situationen wendet er die *paradoxe Intention* an. Er tut genau das Gegenteil von dem, was er sonst getan hat. Statt das Symptom zu vertuschen, gesteht er den Zuhörern: „Ich bin der größte Errötungskünstler seit drei Generationen in unserer Familie." Was geschieht? Alle wissen, daß er rot werden kann. Also muß er dem Rotwerden nicht mehr in panischer Angst ausweichen. Er *darf* rot werden. Herr B. erlebt, wie der Teufelskreis der Erwartungsangst gesprengt wird. Er ist nicht schicksalhaft abhängig und krankhaft veranlagt.

– Herrn B. gelingt es, sich *mit Humor* in bedrohliche Situationen zu stürzen. Wo mehr als drei Personen zusammen sind, empfindet Herr B. eine Bedrohung und kämpft mit Errötungsfurcht. Er hat sich ein kleines Satzarsenal zugelegt, um der Errötungsfurcht aktiv zu begegnen. Er sagt etwa: „Und jetzt kommt der liebe Fredi mit seiner verführerischen Unschuldsfarbe im Gesicht." Alle strahlen ihn an, und er strahlt zurück. Oder er sagt während eines gemütlichen (für ihn ungemütlichen) Zusammenseins, wo er die Röte ins Gesicht zwingen will: „Jetzt zeige ich Ihnen mal eine pubertäre Unschuldsmiene." Herr B. ist über seinen Schatten gesprungen. Er hat das Symptom wie einen Stier bei den Hörnern gepackt – und hat es bezwungen. Herr B. hat gelernt, sich mit Humor *über* das Symptom zu stellen. Er leidet nicht mehr *unter* der Errötungsfurcht, er hat das Ungeheuer übertrumpft. Mißtrauisch, wie Herr B. nun einmal ist, hat er mich einige Male in der Beratung gefragt, nachdem die „paradoxe Intention" gezündet hatte:

„Verraten Sie mir mal den Trick. Da steckt doch ein ganz infamer Betrug dahinter."

Ich: „Sehen Sie schon wieder Gespenster?"

Er: „Natürlich."

Ich: „Dann glauben Sie zutiefst daran. Freuen Sie sich über die unsichtbaren Dinger, die sind ein Schlüssel für Ihre Gesundung."

– Herr B. erlebte, daß die zwischenmenschlichen Beziehungen zu Freunden und Bekannten sich auffällig besserten. Die gespannte und oft verkrampfte Atmosphäre hatte sich gelöst. Gäste kamen häufiger. Einladungen wurden verstärkt ausgesprochen. Frauen machten ihm Komplimente, wie er sich gemausert habe und wie gern man mit ihm im Betrieb zusammenarbeite.

– Frau B., eine sehr offene und extravertierte Person, die sich viele Äußerungen gewaltsam verkniffen hatte, die gehemmt und gebremst wirkte und sich entsprechend gefühlt hatte, platzte mit allen Gefühlen heraus, und Herrn B. gelang es, diese unkontrollierten und hingeworfenen Bemerkungen nicht als Angriffe zu werten und zu mißdeuten. Frau B. bewies ohne Zweifel ein glänzendes Einfühlungsvermögen und machte es ihrem Ehepartner leichter, seine destruktiven und partnerschaftsfeindlichen Verhaltensweisen zu ändern.

Die Doña Juanita

Was ein Don Juan ist, hat sich herumgesprochen, nämlich ein Mann, der fortlaufend neue Liebesverhältnisse eingeht und eine Frau nach der anderen *erobert*. Don Juan ist ein eitler Pfau, der, von eifersüchtigem Ehrgeiz befallen, alle Frauen zu seinen Füßen liegen haben will. Der Drang nach Abwechslung ist häufig ein Motiv. Aber auch *nicht*sexuelle Antriebe sind vorhanden. Sein Ich ist in den seltensten Fällen stark entwickelt, er muß auftrumpfen und hat es nötig, sich in eifersüchtigem Konkurrenzstreben unter Beweis zu stellen. Man kann sagen, daß das Eroberungsstreben beim Don Juan die Motivation ist.

Alfred Adler hat sicher recht, wenn er den *Donjuanismus,* wie man das hemmungslose und unstillbare Verlangen eines Mannes nennt, mit dem *männlichen Protest* in Verbindung bringt. Er sieht den Mann vor sich, der Angst vor Frauen hat, der sich als Schwächling den Frauen gegenüber fühlt und sich schon als Kind den Frauen unterwarf. Don Juan fürchtet sich vor Frauen, er ist eifersüchtig auf ihre Stellung und auf ihre Macht. Donjuanismus ist also keine *sexuelle Unerfülltheit,* wie viele Autoren glauben. Don Juan ist ein Frauenfeind. Er ist kein galanter Verführer und edler Liebhaber. Er täuscht und betrügt, er lügt und schwindelt. Er will erobern, er will demütigen, er will sich rächen. Don Juan ist ein widerlicher Herrscher, der in seiner Machtgier den Fuß auf die Beute stellen will. Für Don Juan ist jede Frau eine Herausforderung seines Machtwillens. Die Frau ist ihm eine Konkurrentin, die er fertigmachen will. Eifersüchtig wacht er darüber, daß er sie quälen, demütigen und sitzenlassen kann.

Aber auch dem Gegenstück zu Don Juan, der Doña Juanita, ergeht es nicht anders. Die meisten haben sich aus egoistischen Gründen einer Art Promiskuität hingegeben. Aber sie sind nicht in erster Linie am Geschlechtsverkehr interessiert, ihr Hauptgrund ist: sie wollen einen Mann erobern. Sie wollen ihre Minderwertigkeitskomplexe ausgleichen.

Angelika, die Nymphomanin

Nymphomanie ist das weibliche Gegenstück zum Donjuanismus. Fräulein Angelika ist inzwischen 27 Jahre alt und hat immer noch keinen Mann fürs Leben. „Die Männer gleiten mir alle durch die Finger", sagt sie.

Sie stammt aus einer Familie, die intellektuelle Fähigkeiten hoch einschätzt. Ihr Vater ist Studienrat, Philologe und übersetzt ausländische Artikel für eine angesehene Tageszeitung. Die Eltern sind moralische Leute und sind betrübt, daß Angelika (der Engel) ihnen und ihrem Namen nur Schande macht und sich teuflisch und ekelhaft benimmt. Angelika hat noch zwei tüchtige Schwestern, die ihr Abitur „spielend" geschafft haben, während sie die Hauptschule nur mit Wohlwollen der Lehrer absolvieren konnte. Ihre Leistungen waren miserabel, ihr Fleiß weit unter dem Durchschnitt. Sie sagte: „Ich hatte keine Lust. Wenn ich gewollt hätte, vielleicht wäre aus mir etwas geworden." Fräulein Angelika sieht gut aus und hat schon mit fünfzehn Jahren die ersten intimen Jungenfreundschaften angefangen. Nirgendwo konnte sie sich Selbstbestätigung ergattern, nur auf dem Sektor der zwischenmenschlichen Beziehungen – im Kontakt mit jungen Männern – war sie erfolgreich.

Ich lernte beide Eltern kennen, äußerst korrekte und sehr anspruchsvolle Menschen. Beide sind kritisch und pessimistisch eingestellt. An ihrer Tochter ließen sie kein gutes Haar. Sie halten sie für verdorben, faul, unordentlich, ungebildet, dumm und herausfordernd. Den Eltern gelingt es nicht, selbst auf Rückfragen, *eine* gute Eigenschaft der Tochter zu nennen. Ihre beiden Schwestern, die in den Augen der Eltern gute Leistungen bringen, inzwischen studieren, haben kaum Kontakt mit ihr. Fräulein Angelika ist der Sündenbock der Familie. Sie sagt: „Alle hacken auf mir herum und zeigen mir, wie abscheulich ich bin. Mir bleibt doch gar keine andere Wahl, als ein Außenseiter zu werden."

Ich: „Ihnen bleibt also nur die Wahl des Außenseiters."

Sie: „Ich bin schon kein Außenseiter mehr, ich bin auf dem besten Weg, eine Prostituierte zu werden. Meine Eltern haben bekommen, wogegen sie jahrelang gewettert haben. Was meinen Sie wohl, wie viele Männer ich in den letzten Jahren gehabt habe?"

Ich: „Ich weiß nicht, ob Sie es mir sagen wollen?"

Sie: „Doch. Es sind siebzehn Kerle." (Sie macht eine Pause, um den Eindruck zu testen.)

Ich: „Dann müssen Sie sehr unglücklich sein!"

Fräulein Angelika verliert ihre Beherrschung und beginnt heftig zu weinen.

Fräulein Angelika spielte als Kind und als junges Mädchen nur mit jüngeren. Hier konnte sie wenigstens den Ton angeben. Mit Gleichaltrigen kam sie nicht zurecht.

Bei ihren Männerbekanntschaften bevorzugte sie gehemmte, passive und im Grunde saubere junge Männer, denen sie *überlegen* sein wollte. Leider waren sie ihr in der Regel überlegen und riefen ungewollt sofort ihr übersteigertes Unterlegenheitsgefühl auf den Plan. Sie ist ständig auf der Suche nach dem netten Mann, der sie sexuell begehrt und *nur* sie allein liebt und beansprucht. Ihre Eltern halten sie für ein „leichtes Flittchen", das sexuell nicht zu halten ist und von sexuellen Begierden umhergetrieben wird.

Fräulein Angelika neigt zu zwanghaften Grübeleien. Alle Zwangsgedanken sind negativ. Sie durchleidet ständig das Gefühl, nichts zu taugen und nichts wert zu sein. Einige Male in der Woche ordnet sie ihre wenigen Bücher im Bücherschrank. Fein säuberlich hat sie alle Schulbücher aufbewahrt und stellt sie – nachdem sie alle abgestaubt hat – wieder in Reih und Glied im Regal auf. Sie liegt im Bett und grübelt über ihr Leben nach, wie doch alles anders sein könnte.

Fräulein Angelika kommt ab und zu bei ihren Männerbekanntschaften zum Orgasmus, meist aber nicht. Und ihre Vorwürfe richten sich gegen „die Männer", die sie nicht zufriedenstellen können. Ein typisches Gefühl schleicht sich jedesmal ein, selbst wenn sie einen Höhepunkt gehabt hat. Sie schildert dieses Gefühl so: „Ja, ich komme hier und da zum Höhepunkt und bin doch anschließend unzufrieden. Ich bin einige Minuten entspannt, und schon regt sich wieder ein Drang, ein unbestimmtes Gefühl – im Grunde keine sexuelle Begierde –, ich will etwas erreichen oder erzwingen und weiß nicht, was."

Was bedeutet Fräulein Angelikas Nymphomanie?

- Etymologisch vereint der Ausdruck Nymphomanie die Worte Mania (Wahnsinn, Raserei) und Nymphae (kleine Schamlippen). Nymphomanie ist also der unstillbare Drang nach Sexualverkehr bei der Frau. So jedenfalls formuliert ein Lexikon.
- Die Nymphomanie entstammt wie fast alle Formen menschlicher Verirrungen der *eigenen Geringschätzung*. Die Frau glaubt, hervorragend sein zu müssen. Sie fühlt, daß sie dazu nicht fähig ist,

und entwickelt nun die Neigung, ihre Sexualität zu gebrauchen, um Männer anzuziehen und dadurch Anerkennung und Hochschätzung zu gewinnen.

– Die Nymphomanie verdrängt mit ihrer übertriebenen sexuellen Betätigung das Gefühl, nichts wert zu sein. *Zwanghaft* versucht sie, durch Anerkennung der Männer ihre Selbstwertschätzung zu heben. Die Nymphomanin wird also nicht in erster Linie von sexueller Begierde umgetrieben, wie Angelikas Eltern auch annehmen, sondern von einem Zwang, sich zu bestätigen und zu verwirklichen.

– Die Nymphomanin will gemocht werden, will liebgehabt werden. Darum gibt sie sich wahllos hin und muß immer wieder Enttäuschungen erleben, weil wirkliches Selbstvertrauen *nicht* dadurch entsteht, daß alle Menschen sie mögen. Frauen, die aber ihr eifersüchtiges Selbstvertrauen darauf setzen, die Liebe aller Männer zu gewinnen, werden immer erleben, daß das unmöglich ist, und erringen nur Niederlagen. Von allen gemocht zu werden, ist ein illusorisches Ziel.

– Es ist nicht das Fehlen des Orgasmus, was Fräulein Angelika beunruhigt, sondern das Nichterreichen des Ziels. Sie fühlt die Fehlschläge und sieht sich selbst als Versager.

– Fräulein Angelika neigt zum *zwanghaften Grübeln* und zu Zwangshandlungen. Sie muß sich zigmal am Tag die Hände waschen, wahrscheinlich um ihre Schuld abzuwaschen. Wenn sie im Bett liegt, kommen die Zwangsgedanken. Sie muß eine Welt neu aufbauen, eine ersehnte Ordnung irgendwie verwirklichen. Zwanghaftigkeit ist das Grundelement der Nymphomanie, auch in Angelikas Leben. Sie will im Grunde perfekt, vollkommen und sauber sein. Sie verdammt sich und ihre Handlungsweise. Gleichzeitig will sie ihre Eltern strafen und ihre Schwestern, die sorgfältig auf ihren Ruf bedacht sind. Fräulein Angelika hat darum eine solche Sehnsucht nach Vollkommenheit, weil sie sich gänzlich unvollkommen empfindet. Je mehr sie sich in ihrer Unvollkommenheit akzeptieren kann, desto eher verschwindet das zwanghafte Grübeln, vollkommen zu werden.

– Angelika ist *umweltabhängig*. Sie kann sagen: „Ich bin an mir nur interessiert, wenn sich andere für mich interessieren." Dieser Begriff „Selbstbezogenheit" ist eigentlich ein Synonym für den Begriff „umweltabhängig", wie er von D. Riesmann und anderen Soziologen verwendet wird. Je weniger sie die Anerkennung anderer braucht, desto eher kann sie darauf verzichten, die Zuneigung anderer Männer zwanghaft suchen zu müssen.

– Fräulein Angelika hat ein *feindseliges Verhalten* Männern gegenüber. Sie haben ihr was vorenthalten, und nun möchte sie alle für
alles verantwortlich machen. Sie *rächt* sich an ihnen und leidet
gleichzeitig. Fräulein Angelika muß lernen, und das ist ein schwe-
rer Weg, daß sie sich *nicht* verletzt fühlt, wenn ein Mann – auch
andere Menschen – sie nicht zufriedengestellt hat. Nicht andere
Menschen sind schuld an ihrem Elend und müssen bestraft werden, sie selbst ist für ihre mangelnde Selbstachtung verantwortlich.
– Nymphomanie ist eine *Sucht.* Und Süchtigkeit erwächst immer
aus der eifersüchtigen Konkurrenz. Sie ist eine Nebenvorstellung,
zu der man Zuflucht nimmt, wenn man übermäßig von anderen
beeindruckt ist. Der neidische Mensch vergleicht sich unaufhörlich mit anderen, bewertet sie höher als sich selbst. Und genau
das tut Fräulein Angelika.

Nymphomanie ist der Sexfluchtweg, den Fräulein Angelika benutzt, um den selbsterzeugten Minderwertigkeitskomplexen zu
entfliehen. Ihre Schwestern stellen etwas dar, auf dem intellektu-
ellen Sektor, ebenso ihr Vater. Damit kann sie nicht dienen, sie
braucht aber ein Mittel, um sich aus den Niederungen ihres
Selbstwerts zu erheben. Sie *benutzt* den Sex, obschon ihr kein Erfolg damit beschieden ist.

Neun Grundirrtümer des Lebens

Es lohnt sich, einige immer wiederkehrende *Grundirrtümer* unseres
Lebens aufzuspießen, weil sie die treibende Kraft für tausend
menschliche Probleme und seelische Fehlhaltungen sind. Fräulein
Angelika klammert sich zum Teil auch an diese irrationalen Vorstellungen. Wie viele Menschen ist sie unbewußt von diesen Vernunft-
widrigkeiten überzeugt. Es bestätigt sich, daß Eifersucht mit ihren
ichhaften Erscheinungen zum Teil auf diesen Grundirrtümern basiert.

Irrtum Nr. 1
Als erwachsener Mensch muß ich von allen geliebt und anerkannt
werden, besonders von bedeutenden Persönlichkeiten meiner
Umgebung.

Irrtum Nr. 2
Ich muß unbedingt auf mehreren Gebieten kompetent, fähig und

erfolgreich sein, um als wertvolles Glied der menschlichen Gesellschaft anerkannt zu werden.

Irrtum Nr. 3
Ich empfinde es als Katastrophe, wenn die Dinge nicht so laufen,
wie ich sie mir gedacht habe.

Irrtum Nr. 4
Ich bin doch nicht allein für Glück und Zufriedenheit verantwortlich. Mein Glück hängt doch in erster Linie von anderen Menschen
ab, von meinen Eltern, von meinem Partner und von meinen ehema-
ligen Erziehern. Aber auch die Umstände und die Gesellschaft sind
für mein Glück verantwortlich.

Irrtum Nr. 5
Es ist leichter für mich, Schwierigkeiten im Leben zu umgehen, als
sie eigenverantwortlich ins Auge zu fassen.

Irrtum Nr. 6
Ich finde es gut, wenn man abhängig von anderen Menschen ist,
vor allem wenn sie stärker, intelligenter und verläßlicher sind.

Irrtum Nr. 7
Ich bin von meiner Vergangenheit abhängig. Sie hat mein Leben gestaltet, und sie wird unweigerlich immer wieder alle meine Hand-
lungsweisen bestimmen.

Irrtum Nr. 8
Ich finde es menschlich wichtig, sich die Probleme und Schwierigkeiten anderer Menschen zu Herzen zu nehmen und intensiv darüber nachzudenken.

Irrtum Nr. 9
Ich kann mich mit Unvollkommenheiten nicht zufriedengeben. Ich
empfinde es als eine Katastrophe, wenn eine perfekte Lösung nicht
gefunden wird.

Diese *Lebensgrundirrtümer* können den Menschen stark beeinflussen und unglücklich machen. Er kann sie zu seinen Lebensstil-
mustern *erwählen* und sich mit diesen Verhaltensweisen das Leben
verbittern. Wer nicht bekommt, was er sich gedacht hat, reagiert
enttäuscht, findet das Leben schrecklich und klagt sich und andere

an. Er kann alle Nuancen der Resignation bis zur völligen Verzweiflung durchleiden. Entweder produziert er eine nervöse Hektik, verbunden mit einem krankmachenden eifersüchtigen Konkurrenzstreben, oder er wirft die Flinte ins Korn, gibt entmutigt auf und flieht in die Depression. Beide Extreme sind falsch, beide Extreme gehören aber zusammen wie zwei Seiten einer Münze. Der Mensch hat zwei Lieblingsbeschäftigungen, die viel Leid heraufbeschwören: er tadelt *sich* oder *klagt* die andern an. Unzufriedenheit mit sich selbst, Selbstvorwürfe und Selbstanklagen – zu Recht oder zu Unrecht – rufen Angst und Feindseligkeit hervor.

Aber auch der Tadel und die Kritik an andern, das Abschieben der Verantwortung auf Gott und die Welt, machen unglücklich und produzieren Feindseligkeit.

Der eifersüchtige Mensch kann sich nicht akzeptieren, wie er ist, das ist sein Grundirrtum. Also wird er um sich schlagen, die andern verantwortlich machen und selbst – auf seine Weise – auftrumpfen und sich in den Mittelpunkt setzen. Die Erfolge sind Scheinerfolge und die Wege Sackgassen.

Therapie der Eifersucht oder So, wie ich bin, bin ich nicht gut genug

Wenn Eifersucht das Symptom einer tief verwurzelten Selbstwertstörung ist, müssen wir darüber nachdenken, wie wir dem Gefühl mangelnder Selbstachtung begegnen können.

Sichakzeptieren, Selbstannahme und Selbstbejahung sind ein Schlüssel zur Lösung vieler Probleme unseres Lebens. Die Grundannahme zur Verhinderung von Eifersucht, Rivalität, Neid und Konkurrenzstreben kann ich auch so formulieren: So, wie ich bin, bin ich gut genug. Ich habe nicht gesagt: *gut,* sondern gut *genug.*

Der amerikanische Arzt und Individualpsychologe Rudolf Dreikurs umschreibt die Bedeutung dieses Gedankens so:

„Jedes persönliche Versagen und destruktive Verhalten kann auf die *irrige* Meinung zurückgeführt werden, wir hätten keinen Wert innerhalb der Gemeinschaft."[1]

Leider beruhen die traditionellen Erziehungsmaßnahmen, auch weitgehend im christlichen Raum, auf der Erkenntnis: so, wie der Mensch ist, ist er *nicht* gut genug. Wir gehen bewußt oder unbewußt von der Annahme aus, daß er *mehr* aus sich machen muß.

Er muß *mehr* leisten,

er muß *mehr* arbeiten,

er muß *mehr* erreichen,

er muß *mehr* Erfolg haben,

er muß liebenswürdiger, hilfsbereiter, moralischer, ausdauernder, mutiger und nicht zuletzt christlicher werden. Wie sagte der verstorbene Hamburger Bischof D. Witte:

„Ein Mensch, der immer christlicher werden will, wird immer ungeistlicher und pharisäerhafter. Christ sein heißt Christi sein – nicht mehr und nicht weniger."

Selbstkritik und mangelnde Selbstannahme

Das Gegenteil von Selbstannahme ist unsachliche Selbstkritik. Selbstkritik beinhaltet mehrere Aspekte, positive und negative. *Wahre* Selbstkritik bewahrt uns vor Überschätzung, vor falscher Selbsteinschätzung und vor Verblendung. Sie hilft uns, unsere individuellen Vorurteile zu verkleinern. Wahre Selbstkritik macht uns *sachlicher*, wie Fritz Künkel gesagt hat, und weniger *ichhaft*.

Dann gibt es die Selbstkritik, die der Humorist Wilhelm Busch gezielt in einem Gedicht aufs Korn genommen hat:

> Die Selbstkritik hat viel für sich.
> Gesetzt den Fall,
> ich tadle mich,
> so hab' ich erstens den Gewinn,
> daß ich so hübsch bescheiden bin;
> zum zweiten denken sich die Leut',
> der Mann ist lauter Redlichkeit;
> auch schnapp' ich drittens diesen Bissen
> vorweg den andren Kritiküssen;
> und viertens hoff' ich außerdem
> auf Widerspruch, der mir genehm.
> So kommt es dann zuletzt heraus,
> daß ich ein ganz famoses Haus.

Diese Form von Selbstkritik wird zur hinterhältigen Gesinnung. Es ist ein Buhlen um die Gunst der anderen. Sie wird als Mittel zum Zweck *benutzt*, um ganz groß herauszukommen. Aus vorgetäuschtem, bescheidenem Verhalten wird der Mensch Kapital schlagen. Der Mensch benutzt die Selbstkritik, um sich klein zu machen, um die mögliche Kritik anderer zu unterlaufen. Diese Selbstkritik demonstriert Empfindlichkeit und Verletzlichkeit. Der Mensch ist leicht kränkbar und schnell beleidigt. Indem er sich heuchlerisch herunterbeugt und seine Leistungen verkleinert, erhofft er Nachsicht und Rücksicht, weil er Kritik nicht ertragen kann. Sein Selbstwertgefühl ist gestört, seine Selbstannahme angeknackst. Oder wir kennen die Selbstkritik vieler Zeitgenossen, die sich in Bausch und Bogen verurteilen, die kein gutes Haar an sich lassen und sich selbst durch eine dunkel getönte Brille sehen.

Folgen der Selbstverurteilung

– Der Mensch verbringt nur seine Zeit damit, das Negative, Destruktive und Unvollkommene unter ein Vergrößerungsglas zu legen. Er schlägt die Zeit tot mit Selbstmitleid.
– Der Mensch macht sich und anderen Menschen das Leben schwer. Er fällt sich und anderen auf die Nerven.
– Der Mensch verachtet sich und wird so zu Hingabe und Nächstenliebe unfähig. Wer sich verachtet, untergräbt den Mut, positive Beiträge zu leisten.
– Der Mensch, der sich verachtet, steht in der Gefahr, seine Eltern und Erzieher zu verachten, die ihn in diese Situation gebracht haben.
– Der Mensch, der sich verachtet, kann keinen Menschen aufrichten und bietet kaum einen Halt und kaum für andere eine Stütze. Er ist ein schlechter Partner und Ehepartner und wird sich ständig an anderen eifersüchtig messen.

Wir akzeptieren uns, wie wir sind

Die Frage des Selbstwerts und der Selbstannahme hat Virginia Satir, eine bekannte amerikanische Psychotherapeutin, zum Hauptproblem ihres neuesten Buchs gemacht. Befriedigendes oder mangelndes Selbstwertgefühl sind die Anzeichen für gelungene oder mißlungene Partnerschaftsbeziehungen. Sie schreibt sehr anschaulich, wie sie mangelndes Selbstwertgefühl und mangelnde Selbstachtung mit einem „leeren Topf" vergleicht, mit einem „leeren Pott". Wörtlich heißt es bei ihr:

„In den vielen Jahren, in denen ich Kinder unterrichtet habe, in denen ich Familien aller sozialen Schichten behandelt habe und Menschen der verschiedensten Lebensrichtungen ausgebildet habe – in all den alltäglichen Erfahrungen meines beruflichen und privaten Lebens –, gelangte ich zu der Überzeugung, daß der entscheidende Faktor für das, was sich in einem Menschen abspielt, die Vorstellung von dem eigenen Wert ist, die jeder mit sich herumträgt. Also sein Pott... Ich bin ganz überzeugt, daß der größte Teil der Probleme, Schmerzen und Scheußlichkeiten – auch Kriege – das Ergebnis von niedrigem Pott irgendwelcher Menschen ist."[2]

Wer sich in der Familie, in der Schule, in der Gruppe, in der Kirche und in der Gesellschaft nicht gleichwertig fühlt, der schreibt mit Riesenlettern über sein Leben:

„Nur wer ständig gegen seine Unzulänglichkeit zu Felde zieht, wird einen Platz in der menschlichen Gesellschaft erhalten." Sein Leben ist dann ein einziger Kampf mit sich selbst, ein einziger Krampf. Unser Wert hängt dauernd in der Luft. Jeder Schritt ins Leben, ins Büro, in die Schule oder in die Gruppe ist mit Ängsten angefüllt: „Werden nicht neue Mängel ans Licht kommen?"

– Niemals können wir uns freuen, denn unser gegenwärtiger Wert kann morgen schon in Frage gestellt werden.

– Niemals können wir uns *sicher* fühlen, denn jede neue Prüfung, jede neue Bewährung könnte neue Mängel ans Licht bringen.

– Niemals können wir innerlich ausgeglichen sein, wenn wir den eifersüchtigen Wettstreit mit anderen nicht aufgeben und den Konkurrenzstreit beilegen.

– Niemals können wir Frieden mit uns schließen, wenn wir nicht den Mut zur Unvollkommenheit aufbringen. Der Mut zur Lücke und der Mut zur Unvollkommenheit geben uns Gelassenheit. Und nur wenn wir innerlich zufrieden, gelassen, ruhig und fröhlich sind, können wir etwas leisten. Es ist *falsch*, zu sagen, erst muß sich der Mensch bessern, dann kann er respektiert werden. *Richtig* ist, je mehr er sich selbst achtet und von anderen geachtet wird, desto besser kann er positive Beiträge leisten, zum Wohle der anderen beitragen und auf alle eifersüchtigen Symptome verzichten.

Nehmt einander an, wie Christus euch angenommen hat

Dieser biblische Satz zeigt auch theologisch die *Selbstannahme*. Christus hat keine Bedingungen gestellt, als er uns annahm. Christus hat nicht gesagt:
„Ihr müßt erst besser werden,
ihr müßt erst vollkommener werden,
ihr müßt erst moralischer werden,
ihr müßt erst in der Nächstenliebe aktiver werden,
ihr müßt erst partnerschaftlicher werden,
ihr müßt erst eifersuchtsfreier werden,
dann kann ich Euch annehmen."

Er hat uns angenommen, wie wir sind. Wenn wir uns auch annehmen, wie wir sind, und sagen können: „So wie ich bin, bin ich gut genug",

– werden wir vorwärtsschreiten,

– werden wir *nicht* die Hände in den Schoß legen, wie viele meinen,

– werden wir angstfrei lieben können, weil wir uns geliebt wissen,

– werden wir auf eifersüchtiges Vergleichen verzichten können, weil unser Selbstwert nicht gefährdet ist,
– werden wir Vertrauen zum Partner haben, weil wir Vertrauen zu uns selbst haben.

Die Transaktionsanalyse hat diese Gedanken der Selbstannahme mit einem Slogan, der international bekannt geworden ist, treffend charakterisiert: „Ich bin o. k. – du bist o. k." Thomas A. Harris, einer der Mitbegründer der Transaktionsanalyse, hat die christliche Botschaft in diese Formel miteinbezogen und geschrieben:

„Die zentrale Botschaft Christi war der *Begriff der Gnade.* Gnade ist ein ‚vorbelastetes' Wort, aber man findet kaum Ersatz dafür. Der Begriff der Gnade ist nach der Interpretation von Paul Tillich, dem Vater aller ‚neuen christlichen Theologen', ‚eine theologische Formulierung von ich bin okay – du bist okay. Es heißt nicht: Du kannst okay sein, *wenn;* oder du wirst angenommen, *falls,* sondern *du bist angenommen* – ohne jede Bedingung."[3]

Unser Wert hängt nicht davon ab, was andere von uns halten, wie wir uns bewähren. Jeder Mensch hat einen Wert in sich. Jeder Mensch hat Geltung durch sein Dasein. Jeder ist ein Original. Der Partner sagt ja zu mir, wie ich bin, das ist Liebe. Er stellt keine Bedingungen für seine Liebe, und ich stelle keine Bedingungen für meine Liebe.

Jedes krankhafte Bemühen um Selbstbestätigung, um Anerkennung, um Wertschätzung und Beachtung bringt mir bestenfalls gesundheitliche Schäden, Unzufriedenheit und Niederlagen ein. Das alles kann ich vermeiden, wenn ich sagen kann: So, wie ich bin, bin ich gut genug. Meine Aufgabe besteht nicht darin, zu zeigen, wie gut ich bin, wie tüchtig, wie sozial, freundlich, zärtlich, sexy, intelligent, bescheiden, altruistisch – und wie die Vorzüge alle heißen mögen –, sondern wie weit ich zum Wohl der andern beitragen kann.

Anmerkungen

Eifersucht oder Der Zweck heiligt die Mittel

[1] Fritz Künkel, Die Arbeit am Charakter, Bahn-Verlag, Konstanz 1964, S. 73.

[2] Alfred Adler, Heilen und Bilden (Fischer-Taschenbücher), Frankfurt a. M. 1973, S. 71.

[3] Fritz Riemann, Grundformen der Angst, Ernst-Reinhardt-Verlag, München – Basel ³1967, S. 20 ff.

[4] Sigmund Freud, Abriß der Psychoanalyse (Fischer Taschenbuch), Frankfurt a. M. 1953.

[5] Rudolf Dreikurs, Die Ehe als Herausforderung, Klett-Verlag, Stuttgart ²1969, S. 139.

[6] Leonhard Seif in: Alfred Adler, Heilen und Bilden (Fischer-Taschenbücher), Frankfurt a. M. 1973, S. 254.

[7] Esther Vilar, Der dressierte Mann, Bertelsmann-Sachbuchverlag, Gütersloh 1971, S. 127.

[8] Marguerite und Willard Beecher, Besser leben ohne Eifersucht und Neid, König-Verlag, München 1973, S. 135 ff.

[9] Esther Vilar, a. a. O. S. 143.

[10] Jürg Willi, Die Zweierbeziehung, Rowohlt-Verlag, Hamburg ³1975, S. 29.

[11] Josef Rattner, Der schwierige Mitmensch (Fischer-Taschenbuch), Frankfurt a. M. 1973, S. 115.

Eifersucht und Geschwisterrivalität

[1] Alfred Adler, Die Technik der Individualpsychologie 2 (Fischer-Taschenbuch), Frankfurt a. M. 1974, S. 185 f.

[2] Ebd. S. 110.

[3] Horst-Eberhard Richter, Eltern – Kind und Neurose, Klett-Verlag, Stuttgart ²1967, S. 85.

[4] Ebd. S. 86 u. 90.

[5] Marguerite und Willard Beecher, Besser leben ohne Eifersucht und Neid, König-Verlag, München 1973, S. 73.

[6] Josef Rattner, Der schwierige Mitmensch (Fischer-Taschenbuch), Frankfurt a. M. 1973, S. 37 f.

Eifersucht oder Kains Brudermord

[1] 1 Mose 4, 1 ff.

[2] Johannes Neumann, Der nervöse Charakter, Hippokrates-Verlag, Stuttgart 1954, S. 232 f.

[3] 1 Mose 25, 24 ff.

[4] 1 Mose 27,41ff.
[5] Helmut Thielicke, Wie die Welt begann, Quell-Verlag, Stuttgart 1960, S. 152ff.
[6] Ebd. S. 154f.
[7] Marguerite und Willard Beecher, Besser leben ohne Eifersucht und Neid, König-Verlag, München 1973, S. 10ff.
[8] Ebd. S. 164f.
[9] Heinz L. Ansbacher – Rowena R. Ansbacher, Alfred Adlers Individualpsychologie, Ernst-Reinhardt-Verlag, München – Basel 1972, S. 342.
[10] Leopold Szondi, Kain. Gestalten des Bösen, Hans Huber, Bern – Stuttgart – Wien.

Tatmotiv: Eifersucht

[1] Jürg Willi, Die Zweierbeziehung, Rowohlt-Verlag, Hamburg [3]1975, S. 65ff.
[2] Ebd. S. 67ff.

Eifersucht oder Der Ödipuskomplex

[1] Sigmund Freud, Abriß der Psychoanalyse (Fischer-Taschenbuch), Frankfurt a. M. 1953, S. 62.
[2] Ebd. S. 18.
[3] Ebd. S. 64.
[4] Ebd. S. 85.
[5] Ebd. S. 18.
[6] Ebd. S. 68.
[7] Sigmund Freud, Gesammelte Werke, Band V, Drei Abteilungen zur Sexualtheorie, S. 96.
[8] Aus: Internationale Zeitschrift für Individualpsychologie Jhg. (1935) S. 2f.
[9] Ebd. S. 54.
[10] Ignace Lepp, Klarheiten und Finsternisse der Seele (Arena-Taschenbuch), Würzburg 1968, S. 127.
[11] Aus: „Impulse", Zeitschrift für angewandte Individualpsychologie 9–10 (1975) S. 148.
[12] Horst-Eberhard Richter, Eltern – Kind und Neurose, Klett-Verlag, Stuttgart [3]1967, S. 36.
[13] Josef Rattner, Selbsterkenntnis und Menschenkenntnis (Kindler-Taschenbuch), München 1973, S. 22.
[14] Theodor Reik, Geschlecht und Liebe (Kindler-Taschenbuch), München 1965, S. 36.
[15] Ignace Lepp, Klarheiten und Finsternisse der Seele (Arena-Taschenbuch), Würzburg 1968, S. 127.
[16] Henry Jacoby, Alfred Adlers Individualpsychologie und dialektische Charakterkunde (Fischer-Taschenbuch), Frankfurt a. M. 1974, S. 56.

Sind Frauen eifersüchtiger als Männer?

[1] Karen Horney, Der neurotische Mensch unserer Zeit (Kindler-Taschenbuch), ohne Jahreszahl, S. 14.
[2] Ernest Bornemann, Lexikon der Liebe (List-Taschenbücher), München 1968, S. 248.
[3] Betty Friedan, Der Weiblichkeitswahn (rororo-Sachbuch), Hamburg 1970, S. 76ff.
[4] Ebd. S. 75ff.
[5] Ebd. S. 51.
[6] Ebd. S. 207.

Frau G. hat eine fixe Idee

[1] Heinz L. Ansbacher – Rowena R. Ansbacher, Alfred Adlers Individualpsychologie, Ernst-Reinhardt-Verlag, München – Basel 1972, S. 248.
[2] Alfred Adler, Der Sinn des Lebens (Fischer-Taschenbuch), Frankfurt a. M. 1973, S. 55.

Die Verantwortung trägt ein anderer

[1] Frederick S. Perls, Gestalt-Therapie in Aktion, Klett-Verlag, Stuttgart 1974, S. 115.

Wenn die Eifersuchtsvorstellungen auf die Spitze getrieben werden

[1] Rudolf Dreikurs, Soziale Gleichwertigkeit, Klett-Verlag, Stuttgart 1972, S. 41.
[2] Alfred Adler, Die Technik der Individualpsychologie 2 (Fischer-Taschenbuch), Frankfurt a. M. 1974, S. 31.
[3] Viktor E. Frankl, Der Mensch auf der Suche nach Sinn (Herder-Taschenbuch), Freiburg i. Br. 1972, S. 60.
[4] Viktor E. Frankl, Psychotherapie für jedermann (Herder-Taschenbuch), Freiburg i. Br. 1971, S. 90 f.

Eifersucht und Platzangst

[1] Alfred Adler, Über den nervösen Charakter (Fischer-Taschenbuch), Frankfurt a. M. 1972, S. 152.
[2] Alfred Adler, Praxis und Theorie der Individualpsychologie, Verlag J. F. Bergmann, München ³1927, S. 169.
[3] Fritz Künkel, Die Arbeit am Charakter, Bahn-Verlag, Konstanz 1964, S. 31.

Der Eifersuchtswahn

[1] Helm Stierlin, Von der Psychoanalyse zur Familientherapie, Klett-Verlag, Stuttgart 1975, S. 131.
[2] Ebd. S. 123.
[3] Fritz Riemann, Grundformen der Angst, Ernst-Reinhardt-Verlag, München – Basel ³1967, S. 22 u. 36.

Therapie der Eifersucht oder So, wie ich bin, bin ich nicht gut genug

[1] Rudolf Dreikurs, Soziale Gleichwertigkeit, Klett-Verlag, Stuttgart 1972, S. 216.
[2] Virginia Satir, Selbstwert und Kommunikation, Pfeiffer-Verlag, München 1975, S. 39 f.
[3] Thomas A. Harris, Ich bin o. k. – Du bist o. k. (rororo-Sachbuch), Hamburg 1975, S. 245.

Stichwortverzeichnis

abhängig 128
Abhängigkeit 130
Absichten, wahre 89 98
Aggressionen 28 40 47
Alibi 87
Allergie 38
als ob 88
Anerkennung 129 137
Angst 116 f.
Angst vor der Angst 99
Angst vor Nähe 119
Antisuggestion (siehe auch paradoxe Intention) 99
Arrangement 109 111
Asthma 20
Aufmerksamkeit erregen 21 69
Autismus 117

Befürchtungen 99 100 106 117 123
Besitzgier 23 f. 25
Besitzsucht 58
Besitzwut 73
Bevorzugung 46 f. 51 79 83 86
Bewegungsgesetz (siehe auch Lebensstil) 33
Beziehungswahn, sensitiver 113 ff. 120
Bluthochdruck 100
Brudermord 45

Depression 25 95
Diebstahl 22
Distanz 35 118
Dominanz 80
Don Juan 125
Doña Juanita 125
Donjuanismus 125

Ehrgeiz 37 56 93
    biologische Determinante 53 75
Eifersucht als
    hartnäckige Infantilität 48
    Instrument 13
    Komplex 65
    Konkurrenz 19
    Lebensstil 13
    Leidenschaft 57
    Motor 19

Ödipuskomplex 73
Schutztrieb 11
Selbstwertstörung 133
soziologisches Problem 76
Symptom 4
Symptomkomplex 48
Tatmotiv 55 ff.
tötende Gesinnung 10 51
Vergeltungswaffe 29
Wahnvorstellung 83 ff.
Eifersucht bei Frauen 75
Eifersucht und
    Aggression 28
    Ehrgeiz 37
    Gemeinschaft 9
    Geschwisterrivalität 31
    Liebe 10
    Masochismus 17
    Mißtrauen 15
    Mord 26
    Motive 55
    Nutzeffekt 120
    Platzangst 105
    private Logik 121
    sich vergleichen 49
    Verantwortung 56
    Symptomfolge 10
Eifersucht, wahnhafte 97
Eifersuchtssyndrom 73
Eifersuchtswahn 78 83 113
Eigenbrötler 35
Eitelkeit 72 92
Empfindlichkeit 88
Entschuldigungen 114
Entthronung 31 ff. 62 79
Entwertungstendenz 39
Ermutigung 41
Erpressung 17
Errötungsfurcht 123 f.
Erstgeborener 61
Erwartungen 48 99 123
Erwartungsangst 99 ff. 123

Familienkonstellation 61
Faulheit 37
Feindseligkeit 15 41 129
Fiktion 85

141

Finalität 36 110
Finalität der Aggression 40
der Eifersucht 15 17 18 21 22 26 86 88
105 108 120
des Fragens 62
des Kampfes 98
der Macht 39
des Mißtrauens 39
der Ohnmacht 110
der Platzangst 109
der Rache 29
der Selbstkritik 134
der Selbstmorddrohung 29
der Sexualität 129
des Symptoms 112
der Überempfindlichkeit 38
Fixierung (an die Mutter) 72
Frauenrolle 80
Friedlosigkeit 14
Frigidität 20

Gemeinschaft 9
Gemeinschaftsgefühl 50 70 85
Gerechtigkeitssinn 63
Geschwisterposition 31
Gesundheit 98
Glück 130
Gnade 137
Grausamkeit 40
Größenwahn 119
grübeln 127 f.

Haß 10 40 61 79
Herrschaft 22
herrschen 39 99
Herrschsucht 58
Hilflosigkeit 108
Hingabestörung 20
Holismus 33
Humor 102 123
Hyperästhesie 15
Hypertonie 100
Hypochondrie 98 100

Ichhaftigkeit 14 20 23 134
Idealisierung 58
Identität 80
imponieren 95
Intention, paradoxe 99 123 f.
Inzest 71
Ironie 102

Jakob und Esau 46

kainitischer Urtrieb 51
Kainsgesinnung 9
Kain und Abel 45
Kampf gegen sich 136
Kampf gegen Symptome 97 102
Kindheitserinnerungen 88 111 116

Kollusion, narzißtische 57
Komplexe 84
Konkurrenzstreben 31 45 92
Kontrolle 24
Kopfschmerzen 25
Kriminalität und Rache 29

Lachen 103
Lebensstil 13 28
Lebensstilanalyse 33 ff.
Lebensstiländerung 95
Liebe, fressende 25
Liebe, romantische 56
Logik, private 34 85 89
Logotherapie 100

Macht 22 39 87 108 110
Machtstreben 47 73
männlicher Protest 70 125
Männlichkeit 72
Masochismus 17
Meinungen 86
Minderwertigkeitsgefühl 86
Minderwertigkeitskomplex 84 86 f. 125
Mißtrauen 15 39 50 87 88 108 119
Mord 26
Musterkind 24
Muttersöhnchen 71

nachgeben 25
Nächstenliebe 50
nachtragen 15
Name, die Bedeutung d. Namens 46
Narzißmus 57
negative Praxis 99
Neid 31 50 78 129
Neurose 65 85
Normalität 85
Nymphomanie 126 ff.

Ödipusklima 73
Ödipuskomplex 65 ff.
Ödipussage 65 ff.
Ohnmacht 108 109 119
Ohnmachtsanfälle 105

Paranoia 118
paranoid 16 58
Partnerschaft 93
Partnerwahl 57
Patriarchalismus 70
Penisneid 68 71 72 75 78
Perfektion 130
Pessimismus 114
phallische Phase 67 72
Platzangst 105 ff.
Projektion 36 40
Promiskuität 125
Protest, männlicher 70 125
Putzsucht 9

Rache 26ff. 36 61 129
Rechthaberei 108
Reife und Unreife 49
Resignation 93
Rivalität 31 79
Rollenerwartung 29
Rücksichtnahme 15

Schaf, schwarzes 36
Schamgefühl 119
Schicksalsanalyse 52
schizoid 16 35 119
schuld, der andere ist 89 94
Selbstannahme 131 134 136 137
Selbstentfremdung 117f.
Selbsterhöhung 41
Selbstkritik 134
Selbstmord 29
Selbstmordabsichten 95
Selbstmorddrohung 17
Selbstverwirklichung 81
Selbstwert 81
Selbstwertgefühl 112 135
Selbstwertstörung 113 131
Selbstwerturteil 135
Sensibilität 14
Skrupel 87
Sonderrolle 48
Sucht 9 23 56 129
Suchtstoffe 9
Sündenbock 36
Symptom bejahen 102
Symptom produzieren 109

Transaktionsanalyse 137
Trauma 68
Tyrannei 21

Überempfindlichkeit 14 38 88
Über-Ich 68
Überkompensation 119
· Überlegenheit 18 22
Überlegenheitsstreben 38
Übertreibung 101
Untreue 26

Verantwortung 89ff. 111 122 130
Vergeltungsstreben 29
Vergleichen 31 38 49 63
Verletzlichkeit 134
Vernachlässigung 28
Vertrauen 15
Verzärtelung 51
Vollkommenheit 87 128 130 136
vorziehen 41

Wahn 16 83ff. 113
Wahnvorstellungen 117
Wahrnehmung, verzerrte 31 112 121
Wert 137
Wille 24
Willensschwäche 97
Wunschvorstellung 46
Wut 10

Zielgerichtetheit, siehe Finalität 15 17 18
    26 33 36 62 87 98 129
zittern 102
Zwang 127ff.
Zweifel 19 119
zwingen, sich, 97
Zurechnungsfähigkeit 56

Reinhold Ruthe
Streß muß sein

Band 617, 128 Seiten

Das Wort Streß weckt in den meisten Menschen negative Gefühle und negative Befürchtungen. Streß ist gefährlich, bedrohlich und tödlich. Viele Menschen haben schon Herzinfarkte, nervliche und körperliche Zusammenbrüche unter Streßeinfluß erlitten. Trotzdem: Streß muß sein! Denn wer fordert, der fördert. Wer sich voll einbringt, bringt sich nicht um. Lebensverlängernder Streß umschreibt ein erfülltes Leben. Er beinhaltet Ausgefülltsein, Engagement und Lebensbeteiligung. Wie erreichen wir ein sinnerfülltes, aktives und randvolles Leben? Was besagen Statistiken über die Lebensweise sehr alter Menschen? Warum ist Langeweile tödlich und hingebungsvolle Arbeit lebensfördernd? Was müssen wir tun, um lebensverlängernde Stressoren zu mobilisieren? Was können wir unternehmen, um lebensfeindliche, krankmachende und tödliche Stressoren wie Angst, Ärger, Haß, Eifersucht, Versagungen und Enttäuschungen abzubauen? Anhand von vielen Beispielen aus der Beratungspraxis zeigt der Autor, welche Wege beschritten werden können.

in der Herderbücherei